U0815168

牛散读书会

牛散读书会内部课程精编版

期权

零基础快速入门

吴国平 著

企业管理出版社
ENTERPRISE MANAGEMENT PUBLISHING HOUSE

图书在版编目（CIP）数据

期权零基础快速入门 / 吴国平著. — 北京：企业管理出版社, 2022.9
ISBN 978-7-5164-2668-5

Ⅰ. ①期… Ⅱ. ①吴… Ⅲ. ①期权交易—基本知识 Ⅳ. ①F830.91

中国版本图书馆CIP数据核字（2022）第139109号

书　　名：期权零基础快速入门
书　　号：ISBN 978-7-5164-2668-5
作　　者：吴国平
责任编辑：张　羿
出版发行：企业管理出版社
经　　销：新华书店
地　　址：北京市海淀区紫竹院南路17号　　邮　　编：100048
网　　址：http://www.emph.cn　　电子信箱：26814134 @qq.com
电　　话：编辑部（010）68456991　发行部（010）68701816
印　　刷：北京亿友数字印刷有限公司
版　　次：2022年9月第1版
印　　次：2025年11月第2次印刷
开　　本：710mm × 1000mm　1/16
印　　张：12
字　　数：120千字
定　　价：58.00元

目　录
CONTENTS

第一章

皇冠上的明珠，期权隐藏万倍机遇

学前须知：本章主要分享的是期权的基本概念及其作用，并简要介绍了期权的发展历史和现状。只有了解了期权，才能更好地把握期权。

内容等级：★

期权是近年在国内推出的一种金融衍生品，它被投资者誉为“皇冠上的明珠”。之所以能够得此殊荣，是因为它是整个金融衍生品市场里级别最高的品种，在期权内隐含的波动或者蕴藏的机会是非常巨大的。毫不夸张地说，一个普通人如果真的能把握好期权，就会轻松实现人生的逆袭。比如一波大牛市，在期权市场就有可能是盈利上万倍的一个机遇。

在投资期权之前，请记住一点，不打没有准备的仗。就好像你进入股市一样，如果你什么都不去学习、什么都不去提升，没有一个知识体系，那么你在股票市场就是一个空架子，更何况期权这个很多人都不熟悉的衍生品，尤其如此。

所以，我先做一个总的梳理，让投资者初步认识一下什么是期权，然后再慢慢地带领大家更深入地去了解期权。我相信通过这一比较系统的学习之后，投资者在未来把握期权工具上应该会更加得心应手。

现在，我就带领大家进入期权的世界，从最基本的概念到最终的实战案例，与大家一一分享。

一、什么是期权

什么是期权呢？首先要从它的字面上来理解，期是什么，权又是什么。期当然就是期望的期，代表未来；权即权利，也就是未来的权利。所以，买期权就是买一个未来的权利。当然，因为它有杠杆，就好像我们购买保险时，权利人、投保人跟保险公司这样的一种关系，所以我们也可以把期权理解为一种保险，那么期权费就是一种保费。保险大家都知道，就是你用很少的资金，可以获得一个很大的保障。那么期权也类似，就是你用很少的资金，可以获得未来的一个权利。这个权利如果如你预期的趋势那样发展，那它在未来衍生出来的机会就非常大。比如买保险，你可能花了 1 万元，但同时有了一个 100 万元或者 1000 万元的这种保障。如果真的发生什么意外，或者是有什么符合条款的条件触发，那么你最终能够获取的保额就是 100 万元或者 1000 万元。从本质上而言，期权就是类似这样的一个概念。

期权分为买方和卖方，它的合约由两个部分组成。就像买保险一样，要有投保人，也要有一个保险公司。而投保人就等于是期权的买方，想买的是一个未来拥有的权利；保险公司则等于期权的卖方，如果触发条件它就会把这个权利进行兑现，如果未触发，合约到期就拿走你投入的保费。所以，一旦出现约定的情况，它就要赔付，而赔付给你的就是当时约定的费用。这就需要有一个买方和一个卖方，双方约定好，撮合成交，这样期权合约才能正式生效。否则，只有买方没有卖方，那是无法生效的。因此，从本质上来说，期权也是一种博弈，类似于投保人与保险公司之间的那种博弈，投保人用小额的保费博弈未来发生风险意外的概率，期权则是买方用小资金博弈未来可能得到的这个大权利。

期权对应着一个标的物，期权买卖都是围绕标的物进行的。A 股市场目前最常见的期权品种就是上证 50ETF 期权。期权衍生品有很多品种，包括商品也有期权衍生品，比如棉花、大豆等。此外还有指数期权，比如沪深 300ETF 期权、创业板期权等，但目前市场的主流就是 50ETF 期权。要记住，在全球期权市场上，最活跃的品种一定是金融指数期权。因为金融指数期权是大家最为熟悉的，比如很多人都知道上证 50 指数，所以围绕标的设计出来的期权产品肯定更容易被投资群体认可，那么自然就更容易出现交易，交易量会非常活跃。所以，我们分享的主要内容包括案例都是围绕指数期权——50ETF 期权，因为它是最热门的品种，往往机会也更容易在热门的品种里诞生。热门的品种一旦出现一个趋势性行情，或者是自己研判出未来会有一个比较准确的机会时，那么你就可以利用期权，用很小的代价把握住未来巨大的机会，而且重要的是，热门的品种也能确保它的流动性。

二、期权工具的作用

通过上面的简单介绍，我想大家对期权应该有了一定的认识，那么了解期权的概念之后，我们就要知道如何用期权去获利。接下来我仍然采用案例的方式来分享，刚才是以保险为例，现在以房地产为例。

1. 期权如何获利

假定小张为权利方（买方），房地产商为义务方（卖方）。

房地产商向小张推出一份合约，这份合约需支付 2 万元的合约费用。如果小张现在支付就有权在一年之后用 100 万元购买合约指定的房产；如果小张选择放弃购房，那这 2 万元就不予退还。所以楼花也是类似的，这其实就是买未来的权利，也是一种期权。

第一种情况：假设一年之后房价涨到了 120 万元，那么小张履行合约购买房产就可以赚到 120-（100+2）= 18 万元。用期权的思路理解一下，因为他当时是用 2 万元购买了未来可以用 100 万元买房的权利合约，在期权市场，这 2 万元的合约成本也就是权利金，而这 100 万元的买房成本则相当于标的资产，如果标的资产上涨到了 120 万元，此时若行使权利，那么这 120 万元也就是行权价，所以，期权获利＝行权价－标的资产－权利金＝ 18 万元，那么，只要房价（标的资产）上涨至大于 102 万元就是盈利的。

第二种情况：如果一年之后房价涨到 120 万元，假设现在的合约市场价格为 15 万元，若小明用 15 万元现金把小张手上的房产合约买走，那么小张就可以赚到 15-2 ＝ 13 万元。在合约还没有到期时，合约价格依旧在剧烈波动，只要在这个过程中你把合约卖掉，成本是 2 万元，以 15 万元卖出，那么你就会净赚 13 万元，这应该很容易理解。

第三种情况：如果一年之后房价跌到 80 万元，也就是出现房价低于 102 万元的情况，因为没有人愿意用 100 万元买 80 万元的房子，在这种情况下，小张可以不履行合约，但是这 2 万元合约费将不予退还，即买方亏损 2 万元，卖方仅赚取权利金。

通过保险和房地产的案例，相信大家对期权都有了一定的理解。可以发现，作为权利方（买方），你其实买的是未来的权利，用很小的代价（2 万元），博弈未来标的资产的继续上涨，未来标的资产涨得越多也就越赚钱。而未来标的资产如果不涨或者保持平衡，等合约到期或者买方不履行权利时，卖方就将赚取这 2 万元权利金。

所以，期权获利的根源是你购买合约的方向预期，比如你买的是看涨合约，标的资产按照预期上涨就能获利；如果买了看跌合约，标的资产按照预期方向下跌也能获利。反之，标的资产如果是与购买方向相反的走势，则亏损的就是你投入的权利金。

2. 期权权利（买）方的好处

在上面的案例中，对于小张而言，花 2 万元购买了一个未来以约定价格买房的权利，只有权利，没有义务。到期后如果房价真的涨了，就按约定购买（有钱赚）；到期后如果房价跌了，则最多损失 2 万元。

所以，总的来说，期权其实就是以小博大。做期权的权利方（买方）损失有限，收益可能无限，这也是把期权称为“皇冠上的明珠”的主要原因之一。而获利的关键，就要看你的眼光——对未来暴涨和暴跌的洞察力。

三、期权的发展历史与现状

大致了解了期权的基本知识后，接下来，我们再分享一下期权的发展历史与现状。

1. 期权的发展历史

历史上，关于期权交易的最早记录是《圣经 · 创世纪》中的一个合同制协议，里面记载了大约在公元前 1700 年，雅克布为与拉班的小女儿瑞切尔结婚而签订的一个类似期权的契约，即雅克布在同意为拉班工作 7 年的条件下，得到与瑞切尔结婚的许可。

18 世纪，在工业革命和运输贸易的刺激下，欧洲出现了有组织的期权交易，标的物以农产品为主。18 世纪末美国出现了股票期权，由于当时还不存在期权的中心交易市场，期权都是在场外进行交易。

从 1968 年起，商品期货市场的成交量低迷，迫使 CBOT（芝加哥期货交易所）讨论扩展其他业务的可能性，在投入大量研发费用，历经 5 年之后，全世界第一个期权交易所——芝加哥期权交易所（CBOE）终于在 1973 年 4 月 26 日成立，这标志着真正有组织的期权交易时代的开始。

其中，期权合约的标准化为投资者进行期权交易提供了最大的方便，也极大地促进了二级市场的发展。同时，期权清算公司的成立，也为期权的交易和执行提供了最为便利和可靠的履约保障。

2. 期权市场现状

美国目前是全球最大的股票期权交易中心，交易量居全球之首，占比高达 80% 左右，其期权市场产品规模领先于全球市场，股票类个股期权超过 3000 只以上，指数类期权超过 50 只以上，ETF 类期权超过 250 只以上，合约周期跨度包含了周、月、季以及长期（3 年）。

近几年来，中国期权市场也已经开始逐步崛起。2015 年 2 月 9 日，上证 50ETF 期权于上海证券交易所上市，是国内首只场内期权品种。这不仅宣告了中国期权时代的到来，也意味着我国已拥有全套主流金融衍生品。2017 年 3 月 31 日，豆粕期权作为国内首只期货期权在大连商品交易所上市。2017 年 4 月 19 日，白糖期权在郑州商品交易所上市交易。2018 年 9 月 21 日，铜期权在上海期货交易所上市交易。2019 年，又陆续推出了沪深 300ETF 期权等。

随着 50ETF 期权市场以及商品期权市场的不断活跃，我相信中国未来的期权市场水平有可能逐步往美国市场靠拢，甚至我可以做一个大胆的预测，5 年之后，中国期权市场可能会成为全球最大的期权交易市场，现在它正处于一个急速发展的过程中，未来的成长空间非常大。

四、期权工具的应用

期权是属于立体化交易模式，可以做如下理解。

股票（一维）：一般只能通过做多获取收益；

期货（二维）：除了做多，还能通过做空获取收益；

期权（三维）：除了做多和做空，还能运用组合策略，赚取波动率的收益。

具体来说，股票是一维的，只能做多，期货是二维的，可以做多也可以做空，期权则是三维的，不仅可以做多，也可以做空，而且还可以运用组合策略赚取波动率的收益。期权主要受到时间、方向、波动率的影响，所以用期权可以赚方向层面的钱，也可以赚时间消耗层面的钱，还可以赚波动率层面的钱。期权可以很简单，但若深入其中也可能感觉很复杂。这是一个三维的世界，当你研究清楚了三个维度，也懂得了各种组合策略，清晰了期权的玩法，我相信很多人就会从股票和期货上抽身出来，而去全心全意地玩期权。但是，我要提醒大家的是，一定要拿总资金的一小部分，比如5%，用自己能够输得起的这笔资金去博弈，因为期权虽然说损失有限，但是投入的权利金还是有亏光的风险，所以一定要用自己承受得起损失的部分资金去操作期权，否则可能一次就“血本无归”了。

我一直建议股票和期权的比例最高是1：9。比如你有100万元，那么最多可以拿10万元去玩期权买入未来的权利，赢了自然很好，而输了也不至于“伤筋动骨”。但是这10万元的损失也不是一般人能承受的，所以，为了避免投入的权利金变成“渣儿”甚至归零，期权只能做组合使用，把它当作对冲保险或者小额博弈的工具。除非对期权玩法十分精通、对三个维度都轻车熟路的职业玩家，才可以讨论投入资金量大小的问题，否则对大部分人而言只能以小资金博弈，当作一种补充。

另外，我要告诉大家，期权是最好的趋势投资工具。期权买的是未来的权利，可以放大未来的收益。比如在一波趋势上涨行情里，指数从1000点涨到3000点，或者涨到6000点，涨了3~6倍，但是在期权市场就可以赚几十倍、上百倍甚至上千倍，因此说它是最好的趋势放大工具。同样，在下跌行情里也一样，当一波趋势下跌时，期权也是收益放大的工具，也可以放大几十倍、上百倍甚至上千倍。所以，在一轮牛熊周期你可以运用期权放大趋势的收益，如果能这样不断地复利增长，我告诉大家，收益可能放大上万倍都会成为现实。一波牛市可以达到几百上千倍，一波熊市也可以达到几百上千倍，收益非常惊人。期权的魅力就在于此。如果我国 A 股市场在未来能够迎来一个长期的牛市，那期权的魅力一定会大大地增加。

五、上证 50ETF 期权案例分享

在分享上证 50ETF 期权案例之前，我们先看一下 50ETF 的 T 型报价界面，如图 1-1 所示。

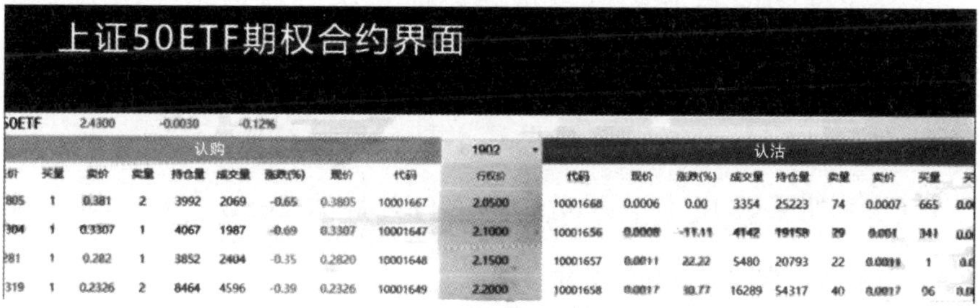
上证50ETF期权合约界面

50ETF 2.4300 -0.0030 -0.12%

认购									1902	认沽								
价	买量	卖价	卖量	持仓量	成交量	涨跌(%)	现价	代码	行权价	代码	现价	涨跌(%)	成交量	持仓量	卖量	卖价	买量	买
805	1	0.381	2	3992	2069	-0.65	0.3805	10001667	2.0500	10001668	0.0006	0.00	3354	25223	74	0.0007	665	0.0
304	1	0.3307	1	4067	1987	-0.69	0.3307	10001647	2.1000	10001656	0.0008	-11.11	4142	19158	29	0.001	341	0.0
281	1	0.282	1	3852	2404	-0.35	0.2820	10001648	2.1500	10001657	0.0011	22.22	5480	20793	22	0.0011	1	0.
319	1	0.2326	2	8464	4596	-0.39	0.2326	10001649	2.2000	10001658	0.0017	30.77	16289	54317	40	0.0017	96	0.0

图 1-1 上证 50ETF 期权合约界面

在 50ETF 的合约界面上，左边是“认购”，右边是“认沽”，一目了然。再往下，中间是行权价，左边是看涨期权各个合约的相关状况，右边则是看跌期权各个合约的相关状况，涨跌幅等都可以看得很清晰。

从 2018 年 2 月份的上证指数日线图可以看到（见图 1-2），出现了一波暴跌行情。

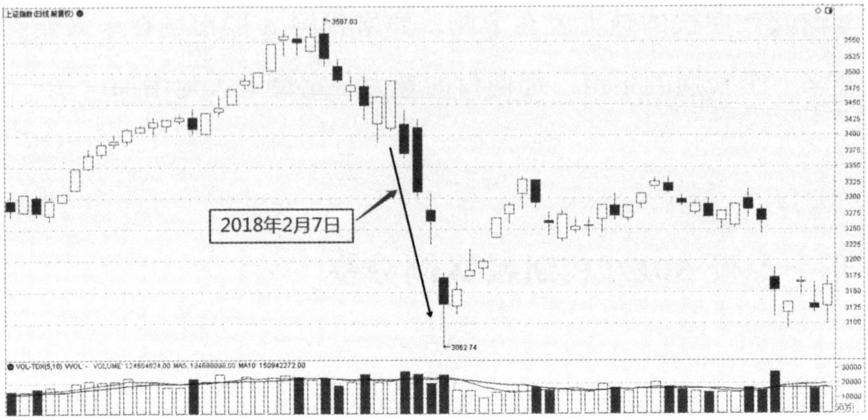

图 1–2　上证指数日线图（2018 年 2 月）

假设你当时持有的股票重仓，但是感觉行情不太稳，想给自己上一份保险，那期权就是最好的选择。如果当时你做了以下的保险性交易策略，那结果是不是会不一样呢？

（1）如果你买了 1 万元的 50ETF2 月沽 2650 合约，则一周后最高已经坐拥了 800 万元。

（2）如果你买了 1 万元的 50ETF2 月沽 2700 合约，则一周后最高已经坐拥了 1000 万元。

（3）如果你买了 1 万元的 50ETF2 月沽 2750 合约，则一周后最高已经坐拥了 1239 万元。

（4）如果你买了 1 万元的 50ETF2 月沽 2800 合约，则一周后最高已经坐拥了 1568 万元。

也就是说，如果你在暴跌时买了 1 万元的 50ETF2 月沽 2650，最大涨幅 800 倍，那你最高有可能获得 800 万元。用 1

万元可以博几百万元的事情，相信大多数人是一定会做的。所以，有些时候期权的魅力就在于保险的作用。当你对行情不太确定时，股票重仓持股就可以选择对冲一下，不仅对冲了损失，甚至还有机会赚钱，就是因为期权放大了未来的收益。

如图 1–3 所示，2018 年 2 月初罕见的这种暴跌，看跌合约涨幅都非常惊人，很多达到上百倍之多，因为这个时候 50 指数也跌得很惨，跌幅接近 20%。期权平均的杠杆有 200 倍，50ETF 上涨 1%，期权就可以上涨 200%，期权可以放大这个波动，所以有些时候权利金的波动就可以变得异常的猛烈。

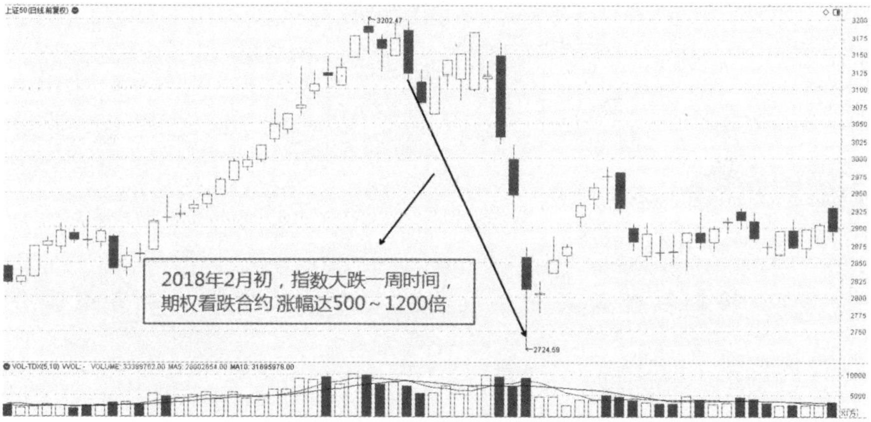

图 1–3　上证 50 日线图（2018 年 2 月初）

同样的例子，再回到 2015 年 6 月到 8 月，股市大跌，50ETF 看跌期权暴涨 10876 倍（见图 1–4）。这个下跌趋势你如果看准了，买入认沽吃一部分也至少会翻几百倍，1 万元直接能变成上百万元。所以说期权是趋势投资最好的放大工具。

图 1–4　上证 50 日线图（2015 年 6~8 月）

本章小结

（1）买期权就是买一个权利，买方风险有限、卖方赚取合约的权利金。

（2）期权的发展历史已经很长，目前已经非常成熟。

（3）期权是一个立体化的交易工具，也是最好的趋势交易工具。

（4）如果你研判对了方向，那么指数期权可以给你带来无限的收益，超越你的想象。

（5）下一波牛市可能是我国期权发展史上最好的历史机遇。

对于期权，市场上有两种说法：期权是知识积累变现最高效的金融工具；期权是金融衍生品中“皇冠上的明珠”。

关于期权的这两种说法，直接提示了我们要好好增加知识，要好好学会运用这个工具。分享了刚才的这些案例之后，你应该能理解期权就是最好的趋势投资放大工具，这也是它被称作“皇冠上的明珠”的意义所在。只要看对了方向，期权的获利能力是非常惊人的。

大牛市蕴含着大机会，在期权市场更是如此。假设下一轮牛市指数上涨三倍，期权看涨合约就可能有涨 1500 倍的机会。因为牛市看多心理共振，可以扩大这个涨幅。如果牛市转熊市，则看跌合约也至少有可能涨 1500 倍，因为下跌恐慌情绪共振也可以扩大这个涨幅。所以一轮牛熊周期蕴含着至少获利上千倍的机会，如果牛市涨幅不止三倍，那期权对应的可能就是上万倍的机会。所以我们要掌握好期权，也要学习好方法，去把握未来的这种机遇。机会不是一蹴而就的，往往也会伴随着反复动荡，但只要把握住能把握的趋势性机会，一轮牛熊轮回，这个收益就是巨大的。

当我们认识了期权，又懂得如何去运用它，把握住趋势性机会，那么获利万倍的机遇就会成为一种可能。因此，我们需要很好地把握这种趋势，包括阶段性的趋势、加速的趋势，以及阶段性强烈动荡回撤的趋势，不论是做多还是做空，只有顺应趋势，把握住趋势性的机会，才会最终如你所愿。

到目前为止，国内玩期权的人并不多，所以期权市场是一个会不断增长的市场，随着未来期权魅力的不断体现，将会有越来越多的人涌入这个市场。那么，在这个背景下，先参与其中的人就会先受益，尤其是懂得游戏规则的人，当未来越来越多的人涌进来时，它的流动性就会越大，那么它未来的波动幅度也会越大，蕴含的机会也越大。所以对期权一定要有清晰的认识，而越早认识期权其实就是在提前把握未来的机遇。对于期权，我们要多实践、多感知，而不是纸上谈兵，努力把握住机会，我们不奢求获利万倍，但是至少在未来趋势投资中，能为自己股票的收益锦上添花，哪怕多增加几倍的收益不也是挺好的一件事嘛。

第二章

期权入门知识（上）

学前须知：本章主要分享的是期权的基本要素，以及如何开户和买入与卖出的原则，初学者要从模拟练习开始，从买方开始逐步锻炼，循序渐进为宜。

内容等级：★★

期权的入门知识，我将从以下四个部分来给大家分享。

一、期权的品类与对标物

期权有很多品种，未来一定还会推出更多的期权品种。

1. 我国商品期权主要品种

在国内市场的商品期权有铜、豆粕、白糖等，如图 2–1 所示，是与其对应的期权合约，有豆粕合约 2001 购 2900、白糖合约 2001 购 5400 等。

豆粕2001购2900	m2001-C-2900
豆粕1903沽3350	m1903-P-3350
白糖2001购5400	SR2001C5400
白糖1903沽4200	SR1903P4200

图 2–1　几种期权合约

2. 我国股指期权主要品种

除了商品期权，还有股指指数期权。目前我国有上证50ETF 期权和沪深 300ETF 期权，以后会推出创业板指数期权等品种。那么期权合约怎么看？像豆粕 2001 购 2900 合约，这个合约的前缀就是该合约的品种，前缀是豆粕，就对应着豆粕商品。

3. 我国股指期权品种的对标物

我们看图 2–2 中合约的画圈部分，这些合约分别对应的标的物为豆粕 2001 期货指数、白糖 2001 期货指数、50ETF 基金指数。

图 2–2　期权合约名称举例

而其他合约亦同理，合约的前缀为合约品种的对标物。合约的中间如果是“购”，就代表的是看多期权；如果是“沽”，则代表的是看跌期权。后面的 2900、5400 和 2800 就是该合约的行权价。标的物 – 合约时间 – 看涨 / 看跌 – 行权价，直接显示在合约上，一目了然。

二、指数期权合约要素

一个普通的 50ETF 期权合约的名称为“50ETF 购 2 月 2400”合约（见图 2-3），在该合约名称中，“50ETF”指的是对应的标的物；“购”指的是一个认购合约，俗称买涨，如果写的是“沽”，那就是认沽合约，俗称买跌；“2 月”表示合约到期日，合约到期日一般是到期月的第四个周三；“2400”表示期权的行权价是 2.400 元 / 份，也就是到期日所达到的价格。

10001653	50ETF购2月2400	+23.56	0.0771
10001663	50ETF沽2月2450	-10.07	0.0491

图 2-3　普通的 50ETF 期权合约内容

指数合约的要素，合约代码 - 标的物 - 看涨 / 看跌 - 到期月份 - 行权价，也是一目了然。了解了这些要素代表的含义，对合约的表达也就比较清晰了。

三、期权的买入和卖出

买卖期权，首先当然需要开户拿到账户。开户后，不同的券商或者服务商都有一个期权交易软件，入金（指贵金属投资及农产品现货等投资产品开户之后将资金投入市场的过程）后即可交易，与股票交易的方式类似。软件下载详情和使用方法可咨询开户的券商与服务商的工作人员，而且软件往往也自带了详细的使用说明。不同的期权软件，各功能的位置可能不同，但是期权的T型报价界面整体是相同的。与股票软件类似，能看到自己想看的股票或者合约的波动走势以及盘口状况，其他的也就是一些数据。

1. 买入期权合约

如果我们想买50ETF2月购2450的合约，只需点击下面栏目（认购合约栏）的2.4500，然后在右上角选择交易，输入委托数量，点击买入后即可（见图2-4）。想要买认沽，则可选择右边的合约栏目。期权是T+0（凡在证券或期货成交当天办理好证券或期货和价款清算交割手续的交易制度，就称为T+0交易。通俗地说，就是当天买入的证券或期货在当天就可以卖出）

交易模式，随时可以买卖，界面流程也一目了然。

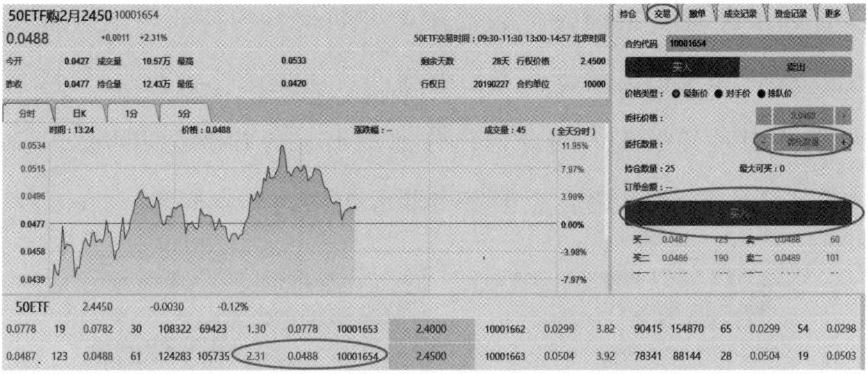

图 2-4　50ETF 购 2450 交易界面（认购合约栏）

期权买入操作其实和股票软件类似，都非常清晰明了。期权买入成功后，你就可以在持仓栏上面看到自己的持仓情况了，包括数量、盈亏等，如图 2-5 所示。

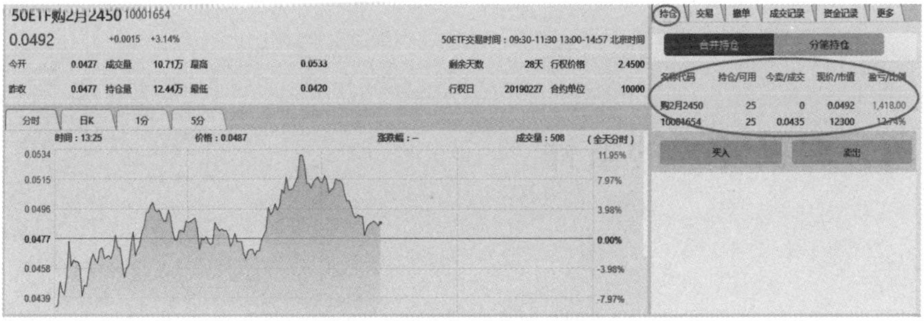

图 2-5　50ETF 购 2450 交易界面（持仓栏）

2. 卖出期权合约

如果准备卖出期权，那就在卖出期权合约持仓栏上点击卖出，然后输入卖出数量，点击卖出即可（见图 2–6）。分笔持仓可以按当时分批买入的合约，分批卖出，合并持仓则可以一键全部卖出。简而言之，点击卖出即可卖出，非常简单。

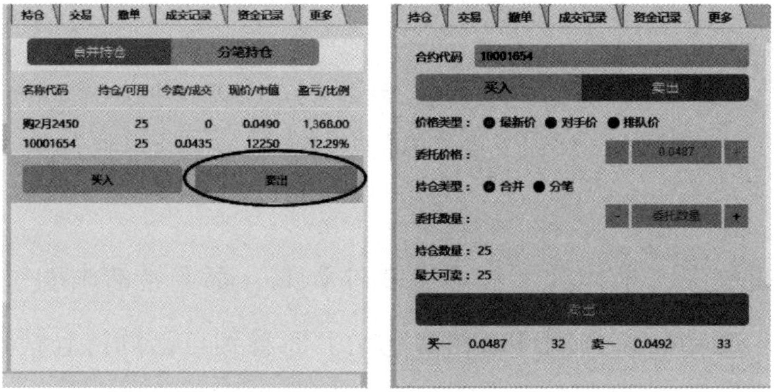

图 2–6　50ETF 购 2450 交易界面（卖出操作）

四、期权开户的条件

买卖期权需要先开户，下面我就简要地介绍一下开户的条件。

（1）申请开户前 20 个交易日日均托管在证券公司的证券市值与资金账户可用余额（不含通过融资融券交易融入的资金或

证券），合计不低于人民币 50 万元。

（2）开户合计满 6 个月并具备融资融券业务参与资金或者金融期货交易经历，或者在期货公司开户 6 个月以上并具有金融期货交易经历。

（3）投资者通过交易所期权知识水平测试，确认其具备参与股票期权交易必备的知识水平。

（4）上市公司及其董事、监事、高级管理人员、持有上市公司股份 5% 以上的股东及其一致行动人，不得买卖以该上市公司股票为合约标的的期权合约。

（5）不存在严重不良诚信记录，不存在法律、法规、规章和交易所业务规则禁止或者限制从事股票期权交易的情形。

券商开户要求比较高，流程也有些烦琐（见图 2–7），但是符合要求的就要尽可能地先开好户，要不然机会一旦来了也会失之交臂。

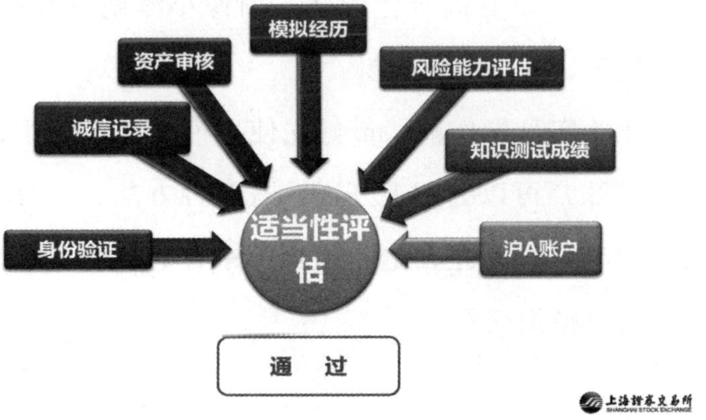

图 2–7　期权开户流程图

在这里需要提示的是，在开户时，建议初学者只开通二级权限，也就是成为二级投资者，只做买方。等具备一定的能力，有了较长时间的操作经验后，再开通三级权限做卖方。不同级别的投资者，都相应地设置有不同的交易权限和规模，如图 2–8 所示。

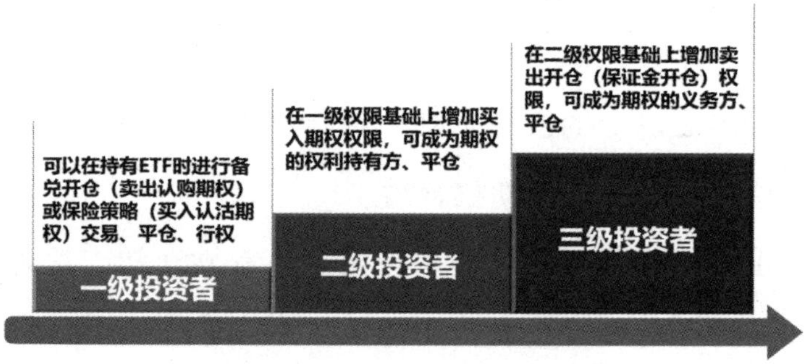

图 2–8　分级管理示意图

当然，如果你达不到某些门槛要求，除了在券商开户外，也可以通过一些跟券商合作的服务商像小泽期权等进行开户，门槛相对较低，入金即可交易。

新手开始实盘操作前，最好先使用模拟账户练手，找一下感觉。模拟账户可以去网上开通，有两种方法，一种是在券商处开通，另外一种就是在电脑网页版东方财富开通模拟交易中心账户，进行模拟交易。

本章小结

我国有商品期权，也有指数期权，目前最活跃的就属50ETF期权。通过合约的几个要素，投资者对期权合约也有了一定的认识，比如期权合约的前缀就代表该期权的品种，后面依次是到期月份、认沽还是认购以及行权价等，一个期权合约标注的内容其实就涵盖了它所有的信息。期权买卖的逻辑与股票类似，期权无非就是可以看涨也可以看跌，如果你对未来看涨那就买入认购看涨期权，如果对未来看跌那就买入认沽看跌期权，就这么简单。新手在实盘操作前一定要先用模拟操作软件进行交易演练，包括各种策略的运用。基本的期权工具会使用了，那么，当机会来临时，就可以利用期权去把握精彩的未来。

这里要着重讲一点，期权仅仅是一个工具，就像我们到一个目的地，会使用交通工具就行了，而不需要知道交通工具是怎么制造的。因此，我们只要用模拟账户练习期权这个工具的使用方法，了解怎么盈利、怎么止损，当实战机会来临时，“开车前往目的地”即可。

第三章

期权入门知识（下）

学前须知：本章继续讲解期权的基本要素，只有清楚地认识期权这个工具，才能迅速地选择正确的合约。

内容等级：★★

通过下面这几个概念的理解，我相信你会对期权有一个更加清晰的认识。

一、虚值、实值与平值

用通俗的方法来理解，比如上涨认购，现在的点位就是平值，已经穿越的点位都是实值，还没涨到的点位都是虚值；下跌认沽同样可以这么理解，现在的点位就是平值，已经跌穿的点位都是实值，还没有跌到的点位都是虚值。所以，越接近虚值的点位往往都是越难在短时间到达的位置。

具体来说，实值是已经到达的点位，比如认购，多涨了几百点，那么在合约到期的时候，维持在这个点位之上的概率就会比较大。而虚值是仍然未到达的点位，所以越接近虚值也就距离越远，那么在合约到期的时候，要涨到这个点位之上的概率就会非常小。所以，如果看对了方向，则期权实值获利的概率大、虚值获利的概率小。但也正因为如此，当有剧烈波动时，则实值获得的利润小、虚值获得的利润大。就好像保险一样，概率越低的状况发生，获得的回馈费用也越高。所以买入时越接近虚值，赢面就越小，但是一旦由虚值变成实值，那么获得的利润就非常丰厚。平值就是当前价位所处的位置，就像分水岭，但是这个分水岭是动态的。

这些都是比较容易理解的，如果再结合 T 型报价的数据看的话（见图 3–1），就更加一目了然了。

卖价	买价	涨幅%	涨跌	最新	购<行权价>沽↑	最新	涨跌	涨幅%	买价	卖价
0.4531	0.4517	10.43	0.0429	0.4541	2.5000	0.0009	-0.0002	-18.18	0.0009	0.0010
0.4034	0.4020	12.61	0.0456	0.4073	2.5500	0.0013	0.0002	18.18	0.0012	0.0013
0.3539	0.3526	13.49	0.0422	0.3551	2.6000	0.0015	0.0000	0.00	0.0015	0.0016
0.3044	0.3033	15.11	0.0399	0.3039	2.6500	0.0020	-0.0002	-9.09	0.0020	0.0022
0.2554	0.2545	17.99	0.0389	0.2551	2.7000	0.0033	-0.0006	-15.38	0.0032	0.0034
0.2074	0.2067	21.88	0.0372	0.2072	2.7500	0.0057	-0.0024	-29.63	0.0056	0.0057
0.1625	0.1616	25.80	0.0332	0.1619	2.8000	0.0102	-0.0063	-38.18	0.0102	0.0103
0.1206	0.1200	30.30	0.0280	0.1204	2.8500	0.0187	-0.0113	-37.67	0.0187	0.0189
0.0851	0.0845	34.91	0.0221	0.0854	2.9000	0.0333	-0.0180	-35.09	0.0334	0.0335
0.0567	0.0566	35.08	0.0147	0.0566	2.9500	0.0547	-0.0249	-31.28	0.0547	0.0549
0.0359	0.0358	36.64	0.0096	0.0358	3.0000	0.0840	-0.0299	-26.25	0.0838	0.0840
0.0131	0.0129	22.86	0.0024	0.0129	3.1000	0.1612	-0.0370	-18.67	0.1611	0.1615
0.0055	0.0053	17.02	0.0008	0.0055	3.2000	0.2527	-0.0413	-14.05	0.2530	0.2536
0.0031	0.0030	-3.13	-0.0001	0.0031	3.3000	0.3510	-0.0430	-10.91	0.3497	0.3510

图 3–1　结合 T 型报价数据看虚值、实值与平值

从图中可以看到，这是某天某时运行至 2.948 的 50ETF 期权，2.948 ≈ 2.950，所以点位运行至 2.948 时，2.950 就是平值。对于左边看涨认购，已经到达的 2.900、2.850、2.800 等

（平值上方）就都是实值，而未到达的 3.000、3.100、3.200 等（平值下方）就都是虚值。右边的认沽则刚好反了过来，2.950 是平值，小于平值的 2.900、2.850、2.800 等都是虚值，大于平值的 3.000、3.100、3.200 等都是实值。

标的价格 2.950 的，如果你选择买入左边认购，那么行权价高于 2.950 的认购合约，就是虚值，等于 2.950 的就是平值，低于 2.950 的就是实值。如果你选择买入右边认沽，那么行权价高于 2.950 的认沽合约，就是实值，等于 2.950 的就是平值，低于 2.950 的就是虚值。

结合 T 型报价数据来看，平值其实就是标的物的价格，平值两端越远也就越接近实值或者越接近虚值。对于虚值、实值、平值这几个概念，相信大家都能够充分理解了。理解了虚实状况，也就知道自己买的合约是属于虚值还是实值抑或平值。

二、内在价值与时间价值

对虚实状况有了一定的了解后，接下来，我们再来认识一下内在价值和时间价值。

合约价格是由内在价值和时间价值组成的。配合刚才分享的实值、虚值、平值来理解，虚值合约只有时间价值，没有内在价值（如图 3–2 所示，虚值内在价值显示是“ - ”，为零）。而完全相等的平值合约的内在价值也为零，只是平值合约波动经常不相等，所以平值受内在价值和时间价值双重影响。实值合约则主要是内在价值，时间价值占比非常少甚至没有时间价值。

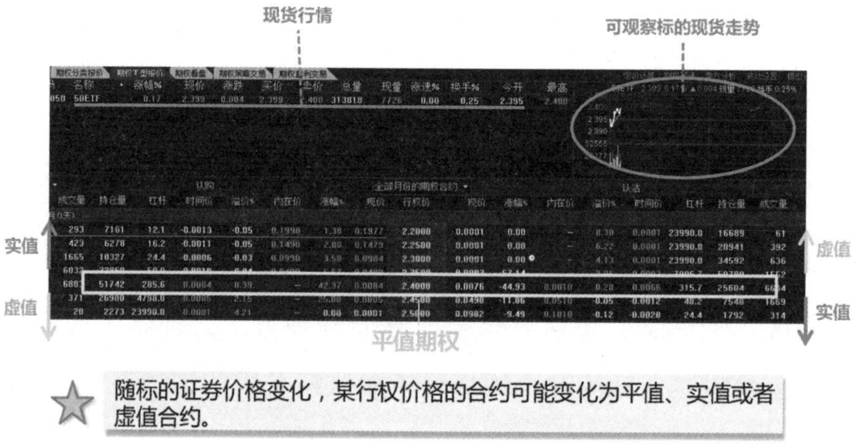

图 3–2　期权 T 型报价界面

内在价值与时间价值的计算方法如下。

假设期权的价格是 0.216，期权的行权价是 2.500，标的收盘价格是 2.649，那么内在价值就是用标的收盘价减去期权的行权价（2.649–2.500=0.149），而时间价值就是用期权价格减去内在的价值（0.216–0.149=0.067）。

总之就是，期权的价格 = 时间价值 + 内在价值，很简单的一个数学计算公式。虽然期权的价格是投资者交易出来的，但我们必须要懂得把握期权的根本，那就是未来的趋势方向，记住这句话——期权的本质就是把握趋势，趋势方向的把握比什么都重要！

一般来说，合约的内在价值是相对确定的，因为可以计算得到，内在价值等于收盘价减去期权的行权价。但是合约的时间价值波动会比较人，如果你在 2 月份购买了一张 4 月份到期的期权，在此期间是有非常多的时间让此合约上涨的，这部分时间就是合约带来的附加价值，也就是时间价值。因为对于期权我们购买的是未来的一个权利，而时间是在不断减少的，尤其是临近合约到期日，时间价值会加速消耗，所以时间价值的波动往往比较大。

对于期权，时间价值是其中一个重要的影响因素，而时间价值就是在一直不断地递减，尤其是临近到期的两周，时间价值会加速下跌，直至归零。没有了时间价值，就只剩下内在价值，所以期权的魅力之一就是实现价值。当然，我们也可以运用一些策略去赚取时间价值。

三、合约行权日与末日合约

1. 合约行权日

目前我国的期权合约大部分不能够提前行权，一定要在合约的到期日才可以行权，比如上证 50ETF 期权合约规定，只有在每个月第四周的星期三这天可以行权，到期日是固定的。如果你是在 3 月份购入 4 月份的期权合约，那么 4 月份的第四周的星期三就是行权日。到了合约行权日那天就等于是没有了时间价值，没有时间价值合约也就到期结束了，这时有时间价值的合约全部归零，没有时间价值的合约就只剩下内在价值。所以我们要记住什么时候是行权日（软件都有标注到期时间），买合约的时候要搞清楚是哪一个月份的，是本月的、下月的还是季月的，选择的合约要很清楚，因为时间价值一直是在递减的，这也会影响到合约的价值。时间价值最终会归零，一旦在到期日还没有实现价值，如果是实值，那就仅剩内在价值的那部分钱了，如果是平值、虚值，则都归零了，就是这么简单！

2. 末日合约

在期权博弈时，对于临近到期的权证有一个通俗的称呼，叫作“末日轮”。很多人都喜欢去做这个“末日轮”的合约，因为“末日轮”的合约很多时候波动都非常大。由于时间价值在不断消耗，剩下的内在价值就主要受到标的物 50ETF 和波动率的影响，50ETF 波动越大，那么“末日轮”的波动也就越大，50ETF 若没什么波动，那么“末日轮”也就比较沉寂。当然，末日合约并不是指最后一天，而是泛指临近到期的一两周时间。在时间价值加速消耗阶段，如果内在价值没有大幅波动，那大概率就会处于一直下跌的状态，所以，最后 15 天对标的物 50ETF 的波动就要极为关注，如果虚值变不成实值，那就要归零。所以在最后到期的阶段，往往主战场也会移仓至时间价值更长的月份去。

到目前为止，“末日轮”波动最厉害的就属 2019 年 2 月份的 50ETF 认购期权合约（见图 3-3），50ETF 购 2 月 2800 合约单日上涨 192 倍，刷新了历史纪录。

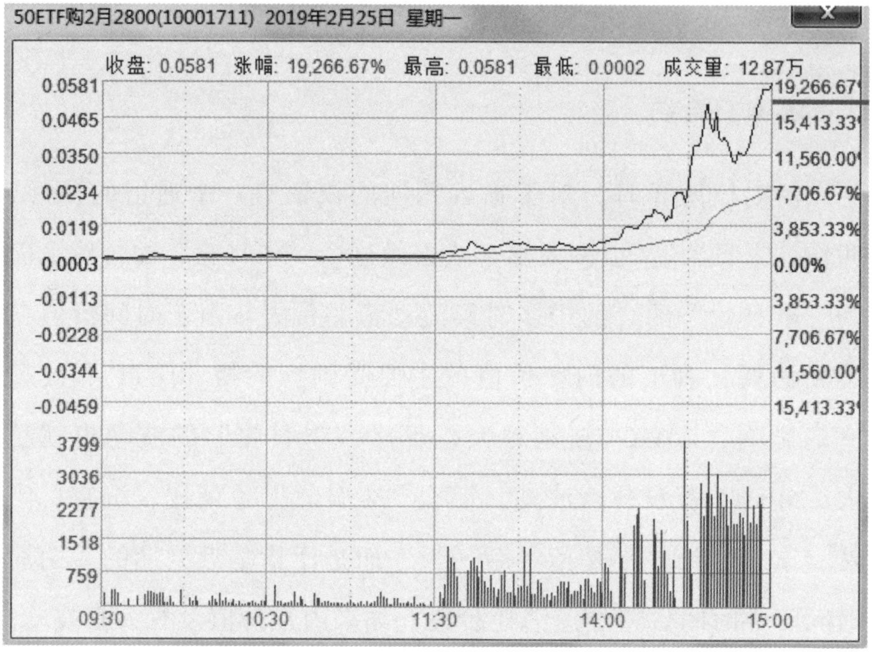

图 3-3 50ETF 认购期权合约（2019 年 2 月）

标的物 50ETF 大涨近 8%，刚好在“末日轮”的最后几天，单日暴涨 192 倍！当然，这种机会是可遇不可求的，而且资金容量也有限，用 1000 元钱还可以博弈一下，但是 10 万元、20 万元是很难博的，因为没有那么大的容量，哪怕进得去也不一定出得来。不过，我要告诉大家的是，期权确实存在这样暴利的机会，虽然这种是属于极端的案例，但是当行情处于单边趋势性机会时，像 2018 年 2 月份暴跌，期权大涨千倍，这些都是真实的案例，我们只需要顺着趋势博弈到一部分，对自己来说也是暴利。

这也从一个侧面反映出期权的魅力。所以要好好认识期权，学会使用这个工具，你一定还会发现它更多的魅力。

本章小结

（1）按照标的物价格和合约价格的关系，期权合约主要分为虚值（价外合约）、实值（价内合约）、平值（等价合约）。

（2）期权合约的价格由两部分组成，一部分是合约的内在价值，另一部分是合约的时间价值。

（3）合约的行权日（到期日）为每月第四周的星期三。

（4）即将在 5～10 日到期的期权合约也被称为末日合约。

具体来说，期权合约分为三种价值，平值就是它现在的价格，虚值就是不容易到达的价格，比如认购期权，大于平值的都是虚值，小于平值的都是实值，所以我们常说的买虚值、实值、平值，就是这个意思。

期权合约的价格是由内在价值和时间价值组成的，在本章中我们重点讲了时间价值，因为内在价值相对固定且容易计算，而时间价值是弹性的，时间越减少，那么合约所剩下的价值也就越少。时间价值往往会伴随剧烈的波动，尤其是临近到期时间价值会加速下跌，所以最后的一个星期通常被称为“末日轮”。针对这种情况，我们要学会移仓，在“末日轮”的时候，把仓位慢慢移动到下个月或者时间价值更长的远期合约，以保有充足的时间价值继续博弈。“末日轮”阶段时间价值会有比较剧烈的波动，但如果标的物没有波动，那“末日轮”也会沉寂，不过“末日轮”的风险往往都比较大，在这样的背景下，如果去博弈“末日轮”的剧烈波动，就要记住一点，用极少量的资金，把它当作买彩票一样，比如拿 1000 元去博弈，如果抓到了类似 192 倍的极端机会，那么获得十几二十万也是非常有可能的事，当然，如果没有抓到机会，也输得起。

通过学习了解期权的基本概念，我相信，掌握了期权这个工具，如果在未来出现大牛市的时候，对你会很有帮助。可能很多人还没感受过大牛市，但是对于市场未来的上涨或者下跌的整体大规律要清晰，拿少量的资金用期权去把握未来的趋势性机会，或者做一些组合，最终的收益或许会超乎你的想象。

第四章

解析牛熊逻辑，抓住期权机遇

学前须知：本章主要是对牛市、熊市进行解析，在正确的阶段选择正确的合约，才会事半功倍。人生的机遇可遇不可求，实现蜕变只需要一轮大行情。

内容等级：★

通过前面两章期权入门知识的讲解，我相信大家对期权这个品种应该有了基本的认识。接下来要分享的是解析牛熊逻辑，抓住期权机遇，其实就是教大家怎么抓住趋势。好好学习，相信会对你有很大的启发。

一、认识牛熊

首先，我们要认识一下牛市与熊市。我想有很多投资者并没有在真正意义上感受过牛市，甚至有些投资者都没有经历过牛市。自从业以来，从 1998 年到现在，我经历过几波牛市和熊市，印象都非常深刻。

对于牛市很多人可能是不太理解的，不过对熊市相信很多人都有印象，2015 年 6 月份，指数从 5000 多点开始一直跌，跌到两三千点，很多人都对此深有体会。在这个过程中，大多数个股泥沙俱下。而牛市，我曾经体验过 2005 年从 998 点开启的 2006 年、2007 年大牛市，最高涨到了 6000 多点。

从 1000 点到 6000 点，如果那时候可以加上期权工具的话，真的就是人生的一个超级大机遇，可惜在我进入股市时，还没有期权品种。当然，虽然没有期权，但是有权证，不少人也是借此赚得盆满钵满。权证与期权有类似的地方，这里就不赘述了。我想说的是，牛市一旦来临，就会涨得让你不敢想象，反过来熊市也会跌得让你目瞪口呆。对于熊市你可能有经验，但是对于牛市你可能经验不足，不过，该来的始终会来的。

所谓牛市与熊市，是大家对股市走出上涨或下跌的大趋势后，对行情走势得出的结论。牛市就是大部分投资者对股票市场的前景感到非常乐观，买入的投资者远比卖出的投资者要多，股价不断地上涨；熊市就是大部分投资者对股票市场的前景感到非常悲观，卖出的投资者远比买入的投资者要多，股价也会不断地下跌。

影响市场牛或熊主要有以下两个因素。

（1）基本面。国家的发展越好，投资者在投资上会越乐观，市场走牛；熊市亦可反向理解。

（2）资金面。越多的资金涌入股市，股市就越有上涨的动力，市场走牛；熊市亦可反向理解。

基本面更多的是涉及国家的经济，或者是整个大的趋势。资金面也不难理解，像前面讲到的，牛市是买盘越来越多，越来越多的资金前仆后继地进来，把市场都推了上去；熊市则是卖盘越来越多。这两者是相辅相成的，因为只有好的基本面才能吸引更多的资金，如果基本面不好，就会让更多的资金离去。

二、牛熊周期与特征

牛市与熊市是相互交替的。大家都知道股票市场有这样一个规律——螺旋式上涨或下跌，像捻角山羊，它的角就是螺旋式的，类似海浪一样，有起就有落，而牛熊市交替进行的发展规律也是螺旋式的，因为经济不可能一直涨，也会起起落落。所以市场一直保持螺旋式发展，跌多了要涨，涨多了要跌，就好像太阳会升起也会落下一样。当经历的熊市已经有了很长的时间，那非常有可能酝酿着一波牛市即将到来。

事物的发展大多时候都遵循着某种规律，当你找到这个规律，一切就会变得非常清晰自然。股市是螺旋式发展的，有起有落，在转折的时候，也就是趋势出现时，我们就可以应用期权这个工具，然后顺势放大利润。所以，要把握住这种机会，首先就要看准趋势。那么，如何看准趋势呢？我来小小地解密一下。

牛市和熊市，尤其是在 A 股市场具备一些特征，如图 4-1

所示，上涨和下跌之间，时间以及幅度是有规律的，可能直接看图并不是很清晰，待会儿我用数据总结再配合图形来看，就会非常清晰了。

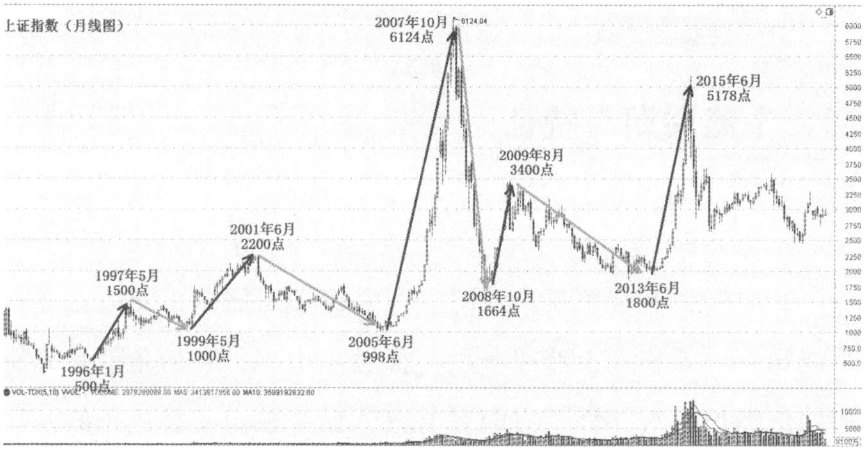

图 4–1　A 股历史上的牛熊交替

从上面的指数图中可以看到，1996 年开启一波上涨，在 1999 年又开启一波，然后在 2005 年一波、2008 年一波、2013 年一波。其中，波幅最大的是 2005 年开启的升浪，也就是大家常说的 998 行情，从 1000 点到 6000 点，这也是促成我人生发生蜕变的一次历史性机遇。那么，未来会不会有类似 998 这样的大行情呢？我认为一定有，而且可能会比那个行情更大，我敢这样讲也是有逻辑的。

将数据统计一下，就可以发现市场的一些特征。A 股过去一共出现了 5 次历史上指数翻番的牛市行情。指数翻番的行情，也就是我们俗称的牛市。其中2次牛市运行时间是1年，另外3次牛市运行的时间是2年。而牛熊轮回时，对应的牛市转熊市就出现了4次熊市行情，其中1次熊市运行时间是一年，2次熊市运行时间达4年，还有一次熊市运行时间是2年。在熊市期间，时间调整最长的是4年，而且可以发现，两个4年之后的行情就是998行情和2014年、2015年的大牛市，涨幅均非常大。然而，2015年6月份开启的熊市一直低迷，熊市持续时间到了2018年底，时间长达三年半，历史调整时间最长也就4年，应该已经接近熊市的调整期限，所以当时我们就预测2019年将进入一个牛市周期，这是趋势，也就是规律。跌多了就要涨，涨多了就要跌，起起落落。

上面是从技术角度分析的逻辑，接下来我们再来看看市场的估值状况，如图4-2所示。

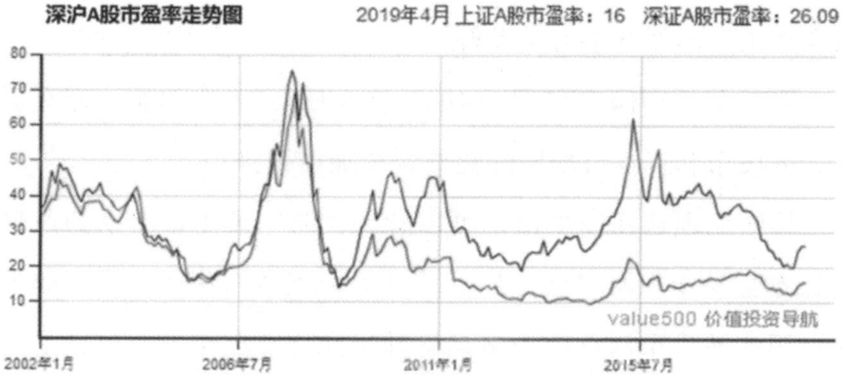

图4-2 估值（市盈率）判断牛熊现状

从上图来看，深沪 A 股市盈率也是类似的一种走势。其实它都是有规律的，跌得足够低了，它就会涨，涨得太高又会下跌，顶部与底部有一定的规律。可以大概总结一下，历史上顶部区域的市盈率是 60~75 倍，底部是 10~15 倍，有些时候判断牛熊也就是判断市盈率的高与低。

1.A 股历史上牛市的启动逻辑

第一次（1996 年 2 月—1997 年 5 月）：证券交易网络化、政策支持、利率大幅下降。

第二次（1999 年 5 月—2001 年 6 月）：管理层允许三类企业入市、证券开户人数暴增。

第三次（2005 年 6 月—2007 年 10 月）：基本面、流动性、政策面的叠加驱动，基金爆炸性增长与网上交易的普及。

第四次（2008 年 11 月—2009 年 8 月）：流动性增加，增量资金来源于新基金大量发行。

第五次（2014 年 7 月—2015 年 6 月）：大众创业、万众创新，人民币和资本市场国际化与资金加杠杆推动。

具体梳理这几波牛市，可以看到，第一波牛市启动的逻辑是证券交易步入网络化，加上政策大力支持，使得利率大幅下降；第二波牛市启动的逻辑是管理层允许三类企业，也就是国有企业、国有资金控股企业、上市公司及其他可以入市的企业入市，使得证券开户人数暴增。第三次就是 998 行情，也就是我当时经历的那一波行情，在这波行情中基本面、资金面、政策面都有，叠加驱动引发了大行情。第四次是“四万亿救市”，只是增量资金推动起来的，所以行情没有那么大。第五次大家也是比较熟悉的，2014—2015 年的杠杆牛，主要原因也在于资金增量，在基本面这块也有一定的补助，但是它的辅助作用不是特别大，所以相比 998 行情也不算特别大。

经过梳理之后，我们就会知道这些牛市启动时其背后都是有逻辑的——基本面加资金面。那么，未来新牛市的基本面和资金面在哪里呢？

2. 新牛市启动逻辑

（1）居民大类资产配置的调整（房产到股市）。

（2）养老金入市。

（3）资本项目对外开放加速，深沪港通、A 股纳入 MSCI，国际机构纷纷进入。

（4）个股期权和指数期权登场（新一轮大杠杆）。

（5）流动性驱动 + 基本面复苏 + 改革、创新、质量牛。

这就是我梳理的新牛市的逻辑。首先在资金面，我们都知道，中国权重企业中房地产占很大一部分，但是房子在未来只能是用来住的，而不是拿来炒的，对于这一点国家也已经定性了，所以我们完全有理由相信未来房子将稳固在某个区间动荡，而多余的资金增量会流入股市，这带来的是巨大的一个资金面。

加上对外金融开放，国外也会有越来越多的资金进入 A 股市场。如果这些资金增量超过过去的话，那么在资金面这块将会达到一个历史的超级高峰。再加上期权闪亮登场，不论是期权股票还是期权指数，都能够助推市场更加活跃，也能够让市场未来趋势得到强化。在过去的 1998 年行情和 2015 年行情，都还没有期权，现在有了期权这个工具，那么对未来的牛市一定会起到强大的推动效应。中国在崛起，正在不断地改革创新，所以未来这波牛市将会是“流动性驱动 + 基本面复苏 + 改革”的创新型且有质量的牛市。

而且，我们从道琼斯股票指数的走势也可以发现国外市场的一些规律，如图 4–3 所示。

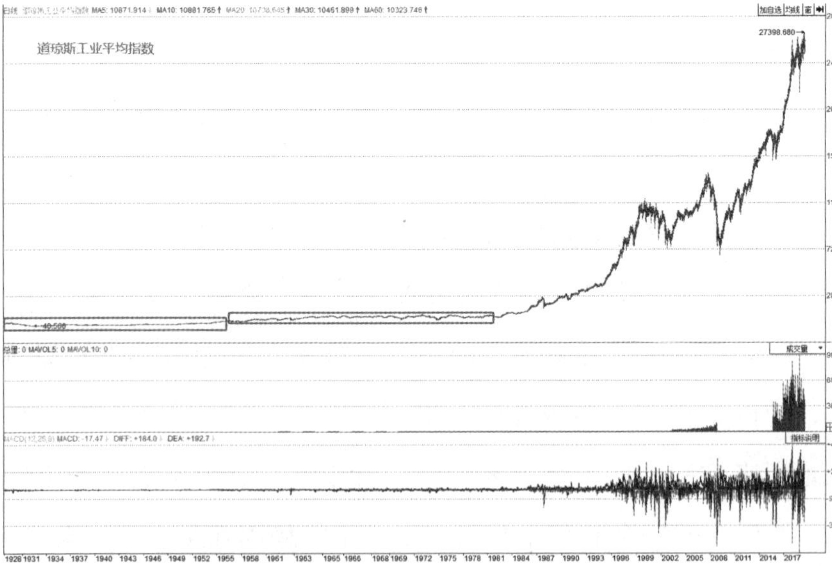

图 4–3 道琼斯股票指数的走势（1928—2017 年）

美股在刚开始的二三十年也是整体处于区间反复动荡的状态，但是后面慢慢地走出一个长期的“大牛”。对比美股，我们在过去几十年，整体上也是处于反复动荡的状态，那未来会不会形成类似美股的走势，脱离这个区间。因为未来中国大概率会进入一个“改革牛”，基本面制度也在变化，再加上各路的资金，可以想象得到这个机会会很大。

三、期权在牛熊中的赚钱效应

期权在牛熊中的赚钱效应可以不断放大，尤其在大行情中，赚钱效应是非常明显的。既然这个赚钱效应这么明显，我们就要把握这个机遇，比如适当地投入一点资金到期权上。期权的投资策略就是拿总资金的一小部分（比如 1%~5%）去博弈未来权利，因为期权不像投资股票一样可以长期持有，它会受到时间价值的影响，所以在操作期权时要有策略，比如可以将远期的合约与近期的合约做一个组合，对于“末日轮”，用极少量的资金当彩票玩玩就好。短期的方向不确定，那就博弈长期的方向，远期近期相结合，根据确定性分配仓位。所以，对于期权，要多研究它的玩法，学会使用这个工具，然后研判好趋势，当趋势来临的时候参与其中，也许就会有意想不到的收获。

如图 4-4 所示，当趋势形成，顺势买入的成功率就会很高。所以在做认购期权的时候，选择期权的投资策略也很简单，那就是在趋势出现的时候顺势买入，这样可能在不经意间就能把握到这种暴利的机会。

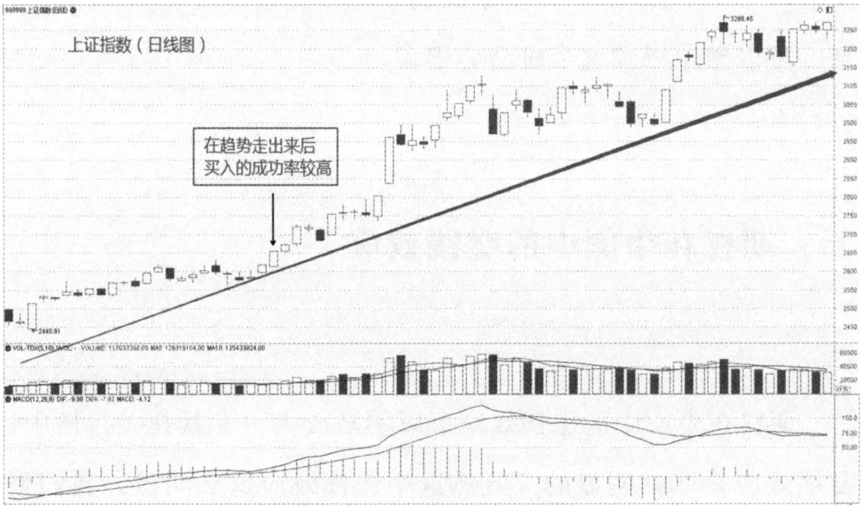

图 4-4　上证指数（日线图）

本章小结

我们对未来很看好，相信不久之后可能会诞生一波前所未有的大行情。那么在这个过程中，我们要抓紧学会怎么合理地运用期权这个工具。当然，对于市场的发展节奏要清晰，知道牛市和熊市的规律，以及市场未来的上涨规律。但是，在投资策略上一定要记住，要拿有限（即使输光也无所谓）的资金去参与期权运作，用期权把握未来的趋势性行情，使用时可以做一些组合，在不同的阶段也可以选择不同的策略。

做期权要记住一点，当大的趋势来临时，对于期权就是一个机遇。大的机遇可能几年才有一次，所以当它来临时，就要敢于把握，如果真的出现大行情，那可能就会获利几十倍、上百倍甚至更多倍。但是有机会也就有危险，就像我前面讲期权基础知识时用楼花和保险所做的比喻，期权买的是未来，如果你认购看涨的话，就是在博弈未来房价能继续上涨所带来的一个机会。但是，如果房价不涨，横盘震荡，没有获利空间，那么你买的这个期权也就约等于废纸。所以做期权最怕市场没趋势，尤其是做买方，最怕市场陷入一个横盘区间动荡的状态。因为在区间动荡的行情下，无论是认购还是认沽，可能都会亏损，被“双杀”是最可怕的。

所以，一定要学会灵活使用期权这个工具，也要理解市场。做期权就是做趋势，所以我们要多学习、多沉淀，提升自我，认清风险，适量参与，把握趋势。

第五章

期权交易中的风险

学前须知：本章主要分享的是期权交易中存在的风险。做投资一定要有风险意识，控制风险、保住本金才是长久生存之计。

内容等级：★★

前面我们分享了期权的一些基础知识，教大家如何去把握趋势，以及对未来趋势的一些看法。接下来，再来谈一谈期权交易中的风险。做投资，我们不仅要看到机会，也要看到风险。期权的风险在哪里呢？下面就给大家深入剖析一下。

做期权赚钱容易，亏钱更容易。相信做股票的人应该也有过这样的体会，不过在期权上则表现得更加淋漓尽致。

一、期权买方交易风险

1. 时间价值损耗

期权交易，对于买方来说比较重要的一点就是时间价值。

时间价值损耗，是买方的不利因素之一。随着时间流逝，时间价值到期归零，同时对实值、虚值、平值期权的影响也各有不同。实值和虚值期权最后一周时间流逝对其的影响小，到期日虚值期权价值归零，实值期权则仅剩下内在价值，而平值期权价值在最后 10 天下降最快。

在前面已经讲过，内在价值 + 时间价值 = 期权价值，内在价值相对固定，便于计算，而时间价值是动态变化的，是一直不断损耗的（见图 5–1），越临近行权日，往往交易风险也就越大。

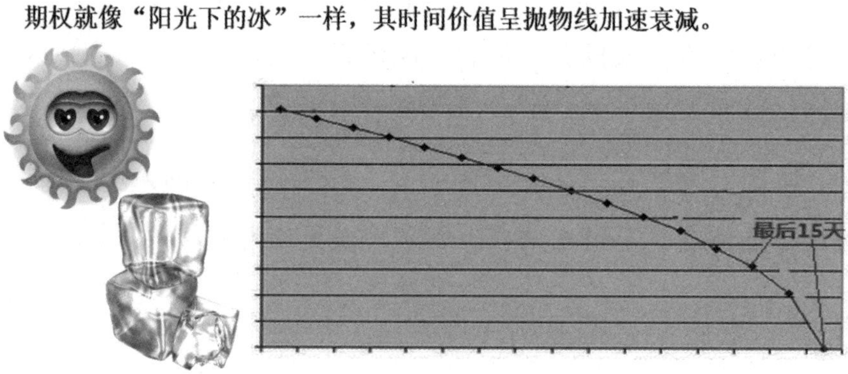

图 5–1　时间价值衰减示意图

期权到了行权日，就仅剩下内在价值，也就是实实在在的行权价。如果没有大幅的波动，像一些虚值合约，如果到了行权日虚值还未能变成实值，那么只有时间价值的虚值合约就都要归零，这对于期权投资者来说可能是一个最大的风险。时间价值的消耗是基本规律，尤其是最后 15 天损耗更快，只有时间价值的合约都有归零的风险。假设投入 2 万元权利金买了虚值，到期都未能到达该价位，那么最后的结果就是 2 万元没了。所以，对时间价值要有清晰的认识。

期权最大的魅力在于趋势出来时，去把握这个趋势，使期权的利益放大。因此，在没有趋势时，横盘区间动荡或者是方向错了，期权的时间价值就会不断地损耗，这也是期权交易的风险之一。所以，期权买方最怕的就是这个，方向不对或者没有趋势，机会都不明显。而且，当横盘区间动荡时最为难受，经常会处于被“双杀”的状态，不论认购还是认沽都是亏损的。

2. 横盘、震荡市风险

如果出现行情震荡、横盘，认购认沽“双杀”，购沽都容易下跌；相反，区间震荡对卖方最为有利，稳收权利金。

还是那句话，期权买方最怕的是没有趋势，因为那样也就意味着没有什么机会了，更多的只能耐心地等待时机。那么，买方亏损的钱被谁赚了呢？当然是被卖方赚走了。不过，卖方赚取的也仅仅是买方损失的那点权利金。可能有人会想，谁这么傻去做卖方，赚的少风险还大？但是我要告诉大家的是，大部分人还是愿意做卖方的，我们都知道市场行情有涨有跌，但暴涨和暴跌的行情并不常见，大的趋势性机会也比较少，阶段性的趋势把握难度大，整体而言，区间波动、整体动荡休整的时间居多，所以一般来说卖方赚钱的概率很大，这也就是很多人愿意去做卖方的原因所在。而期权也正是在这种平衡中不断发展，有买方，有卖方，你情我愿。

动荡对于买方而言就是杀手。所以，当你觉得未来要迎来市场阶段性动荡时，最好的策略就是观望，干脆什么都不做，等趋势出来时再介入，这是最明智的。

3. 重仓风险

对于期权买方来说，最大可能的损失就是权利金。相对股票而言，期权的权利金更便宜，但若仓位太重、方向错误的话，由于期权的波动很大，权利金就随时有可能全军覆没。所以，投入的权利金在总资金中的占比一定要小。如果你的总资金只有 10 万元，全部投入期权，一旦没有出现预期的趋势性行情，一直动荡甚至反向，当时间价值持续衰竭时，最终很有可能就会损失惨重，你投入的所有资金哪怕不归零，止损出局后可能也就只剩一点渣儿了。

所以，控制好你的仓位尤为重要，如果只有 10 万元，那就先拿出一万元或者两万元去玩，等有利润了，承受能力强了，到时可以再慢慢加一点仓。但是切忌把资金一下子全部押上去，而是分批次进场，不然就和赌博没两样了，一切全凭运气，如果对了固然是好，但如果没对，就很有可能面临全军覆没的风险。

4. 流动性风险

一般来说，平值合约比较活跃，而深度实/虚值不活跃，因此资金较大者可以购买流动性好的多个合约持仓，同时提前分批平仓，不要等行情拐点出现才平，这样平仓价格会大幅下降。

因为期权有一些可能已经没有什么价值了，没有人去交易，所以有流动性的风险。如果买了流动性不强的品种，进去容易，想要出来就很难了，所以我们要尽可能买一些流动性好的合约。但是，如果你实在想要博弈流动性不好的合约，那就在小仓位布局一些，与流动性好的合约做组合，以平摊流动性风险，这也就是“鸡蛋不要放在一个篮子里”的道理。

5. 溢价过高风险

新开出来的合约一般都有溢价，容易下跌，因此新上合约的前两周不要参与。此外，行情快速上涨或下跌的时候，当月认购或认沽虚值合约普遍溢价严重，也尽量不要参与。

期权的波动是动态的，虽然它的价值等于内在价值加上时间价值，但其本质上还是和股票一样，价格是在围绕价值波动。期权的价格有时候会有过度溢价，涨高了它会回归，所以溢价过高也是一种风险。有时候急涨或者暴跌都有可能会带来溢价过高的这种风险，大家要对此有非常清晰的认识。

6. 忘记平仓风险

50ETF 期权属于欧式期权，到期日才能行权，一般都需要提前平仓，切记不要持有不动。

因为期权有一个时间价值，所以很多时候并没有多少人真的去行权。比如说你选择了某个月份的合约，当接近“末日轮”的时候，觉得阶段性行情不行了，你就可以采取移仓的策略，平仓换到时间更充足的月份。我们都知道，时间价值越临近到期消耗越快，尤其是只有时间价值的虚值合约，到期都要归零，所以达不到预期走势时，一定要提前平仓或者是移仓，不能像股票一样一直持有，这一点一定要注意。

二、实战亏损案例分享

案例一：左侧抄底亏损。

这一实战亏损案例分享的是左侧抄底亏损（见图 5–2）。2018 年 8 月份，抄底买入 10 月份的认购合约，假设一直持有，由于这段时间一直在这个区间动荡没怎么涨，那么最终时间价值不断消耗，只能亏损割肉，剩下的就仅有那么一点点了。

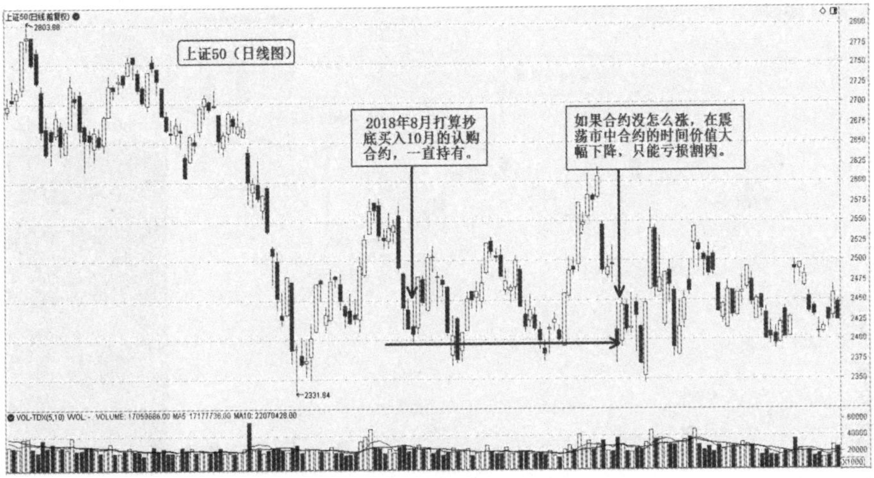

图 5-2 “左侧抄底亏损”示意图

案例二：购买溢价合约。

如图 5-3 所示就是购买溢价合约所带来的风险，将 50ETF 购 4 月 3200 这个新开出的合约直接买入，因为前期过快上涨导致合约溢价后，后面就算指数继续上涨，合约也要去掉溢价，结果也是损失惨重。对比一下，非常的清晰。

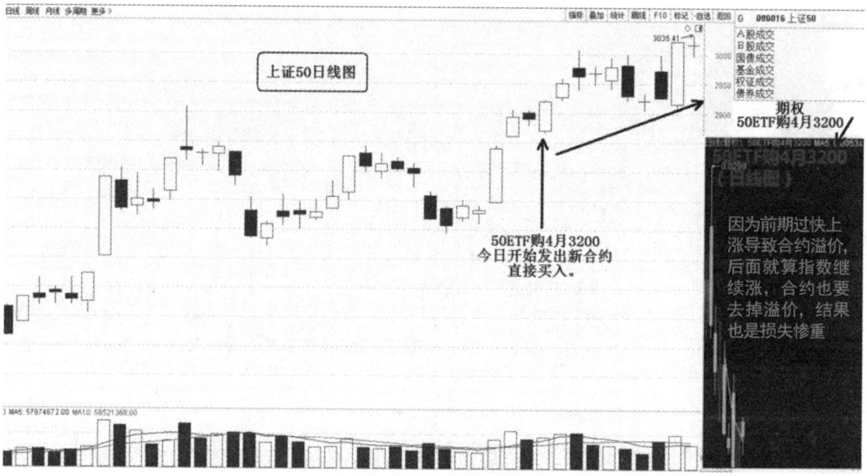

图 5-3 “购买溢价合约”示意图

三、期权的风控技巧

1. 几个“不要买”

一是快到期的合约也就是“末日轮”不要买，尤其是新手，没有一定水平就千万别去玩“末日轮”。

二是深度虚值也就是太虚的合约不要买，这个很好理解，越虚的赢面越低，就好像去赌场一定要开三个六的豹子一样，除非运气逆天。极度虚值的合约基本上是以输为主，赢的概率太小。

三是太远期的合约不要买，因为有些远期的合约相对来说会贵一些，而近期的合约则相对比较便宜。

四是刚上市的合约不要买，它非常有可能因为前期上涨过快而导致溢价。

五是行情没把握时不买，换言之就是趋势没有出来不开仓，动荡的时候以观望为主，多看少做，一旦机会来了，就要像猎豹一样迅猛出击。

六是溢价过高的期权不买，这个前面也谈过了，对这种期权就是以观望为主。

2. 坚决止损

要学会止损，可以在买入的时候就设好止损线。不过期权的止损线与股票不一样，股票的波动比较小，所以有的时候三四个点就止损了。而期权的波动比较大，所以它的止损线可以设置得稍微大一点，比如 20 个点或者 30 个点，根据自己的承受能力而定。比如你投入 10 万元，止损是 20 个点，那就是说你有 5 次机会，如果 5 次全都失败，那也只能认命了。，而且，一定要学会留有余地，要知道，期权一旦遇到大机会，4000 元也有可能赚到 40 万元。所以控制好风险，学会止损，留有余地，并不断尝试，一旦抓住一个大趋势，那自行车也能变宝马了，真的就是如此。

3. 分批买卖

买卖期权还有一个技巧，就是分批次操作。比如说看多，你可以分三批去买，平仓也可以分多次，不要一次性去清掉。这是因为分批操作可以规避风险，刚开始准备进场的时候，先入一部分试探，确认信号了，可以追加，有盈利了也可以继续加仓。不要一次就重仓，一旦错了，就会损失惨重。分批次进场，可以平摊一些风险，还能保持主动性，这也是减少风险的一个很好的技巧。

本章小结

（1）期权买方有非常多的交易风险，亏钱是非常容易的。

（2）切忌随意左侧交易、购买溢价合约。

（3）要注意风险控制，预判错误坚决止损。

期权还是有着诸多的风险，而且有的风险很大，所以在前面我就分享过，期权的投入一定不能超过你的总资金的十分之一，重仓还是在股票。比如你有 100 万元，那么拿出 10 万元操作期权就行了，你要用自己输得起的那部分额度去玩。当然，期权也具有很多交易风险，比如溢价风险、平仓风险、动荡风险以及陷阱等，在玩的过程中，你要懂得去辩证地看问题，终归一句话，要规避这些风险，最关键的是要看准趋势。要循序渐进分批买进，顺势而为，切记溢价过高的不买、深度虚值的不买、快到期的不买，只有这样，你才能把握住机会，趋势一旦来临，就可以让利润尽情地“奔跑”。

做期权时一定要注意风控，该止损的要止损，有时候亏 20 个点、30 个点，做错了，该砍就砍，砍完之后冷静分析了再战，千万不要死守到底。只有不断地积累经验，多把握几次，多提升自己，一旦抓住一个大波段，4000 元也可以变成 40 万元。我曾经就用 8000 元赚到 20 万元，这是实实在在的案例，也相信大家通过努力将来会做到的。

总之，希望大家在未来做期权的时候，能够认清并规避风险，最终把握住机会。

第六章

用好期权，祝你更上一层楼

学前须知：本章主要分享的是明晰自己投资期权的目的。明确目标，控制好仓位，做好止盈、止损，对于期权的把握就能更加清晰明了。

内容等级：★★

一、确定期权投资目的

要想用好期权，让自己更上一层楼，首先就要清晰自己投资期权的目的，要学会仓位的管理，控制好风险，懂得止盈、止损的方法。说得直白一些，就是巴菲特的那句话——第一条是保住本金，第二条是保住本金，第三条是记住前两条。做任何投资其实都是一个道理，如果本金没了，一切也就都结束了；如果控制了风险，清晰并规避了所有的错误，那自然就会在正确的方向上越走越好。

具体来说，有的人投资期权的目的是选择投机，仅是买大买小，这是一种目的。有的人投资期权的目的是做对冲，平衡股票的风险，这也是一种目的。无论是为了博弈，还是追求稳定，结果都是为了盈利，但是不同的盈利方式决定了期权使用的策略。比如，你是属于激进投机派的，那就要用投机的方式或激进的方式去把握；如果你是追求稳健收益型的，那就要采取稳健的策略去操作。总之，在做任何投资之前，你都要先问问自己，你的目的是什么，这非常重要。

1. 以买彩票的心态以小博大为目的

期权是一种以小博大的工具，我相信很多人玩期权也都是以此为目的。那既然是以小博大，就一定要抱着输了也无所谓的心态去玩，比如拿出小额的资金，500~5000 元左右，配置末日合约。这其实就是一种买彩票的心态。买彩票大家都能理解，我想还没有人会拿几百万元去街头买彩票，都是拿一点点的钱去买，输了也无所谓，将风险控制在了自己能够承受的范围之内。当然，期权“末日轮”博弈比较激进，它的波动非常大，像 2019 年 2 月 25 日的末日单天就暴涨 192 倍，这种博弈和彩票一样，中了就几倍、几十倍甚至上百倍地获利，当然输了也就什么都没有了。以买彩票的心态去操作期权，心态越好，幸运女神就会越眷顾。

2. 以对冲股票风险为目的

期权也是一种对冲的工具，可以对冲股票的风险。比如你的手上有 1050 万元，用 1000 万元买了上证 50ETF 基金，对于接下来的后市，一方面怕下跌，但另一方面又怕错过行情，在这个时候，就可以使用期权进行对冲，拿出一部分资金比如 50 万元去做空。注意，这是对冲股票下行的风险，所以是做空。假设标的物上证50ETF上涨10%，那你的1000万元就能赚100万元，而期权这边最严重的就是全部亏损，但最终还是能获利50万元，总体还是赚的。但是，如果出现一个极端风险，比如市场暴跌，上证50ETF跌停了，那你的1000万元下跌10%，就变成了900万元，不过与此同时，期权的50万元就有可能有5倍、10倍甚至更多倍数的涨幅，也就是有机会赚250万~500万元甚至更多的钱。那么，扣除亏损的100万元，整体上也还是赚的。所以，这时期权就达到了对冲的目的，为我们的标的起到对冲保护的作用。

3. 以趋势行情盈利最大化为目的

提到趋势，我前面也分享过，做期权就是做趋势，如果你对趋势判断比较准确，就可以在做股票的同时，拿出一部分的仓位买入期权，让利润放大。比如，你可以投入一两万元去做一波大的趋势，做趋势就不是今天买明天卖了，而是要做一个月甚至更长的时间，一旦真的来一波趋势，那1万元也可以变成20万元，甚至更多。

4. 以练习盘感为目的

还有一种是以练习盘感为目的。这种情况下，你就可以随便拿几千块钱，每天去做日内交易或者是做跨期交易，反正是当学费，就随便玩，当然，最好还是能赚点钱感受一下。对于期权新手来说，首先都要感受波动，练习一下盘感。期权合约对盘面的反应会更加敏感，经常练习有利于你理解盘面的博弈，所以大可放松心态、锻炼盘感，有了感觉之后，再去实现我们想要的目的。

二、仓位管理

不论是期权投资还是股票投资，或者是其他投资，只要你想正儿八经地去玩，不管是做趋势还是日内，抑或是使用对冲等策略，仓位管理都是很重要的。做投资想赚钱，仓位管理是必不可少的，有句话说得好，控制了仓位也就控制了风险。

首先，投入期权的资金不能超过你的总资金的10%，如果手里有100万元，最多拿出10万元去博弈期权就行。不论是做对冲还是做顺势，你就始终保持这样的额度，过犹不及，一旦过量了，也会出现问题。其次，对进入期权的资金要进行再次管理，也就是遵循“333原则”。这个原则也很好理解，就是分批布局，每一次只开仓三成左右，除非能力过硬，否则绝对不要在亏损的头寸加仓，如果趋势正确，则可以顺势加仓，在赢面加仓心态会更好。这就相当于是有三次机会博弈，如果三次全输了，那就是能力问题了，即使输光也就只能认命了。

当然，无论是大赚还是大亏，都要停下来休息一下，平复一下心态。我觉得这个“333 原则”是适合很多人的。刚才也提到了，在底仓没有盈利的情况下，不要贸然加仓，因为没有盈利，就说明可能研判错误，能力水平还需要提升，可以先停下来观察一下。另外，不管操作成功还是失败都需要总结，甚至有时需要止损就果断止损。进场时使用“333 原则”，在卖出时也要学会分批进行，可以分 2~3 批卖出，不要一下子全部卖了，因为你不可能一卖就是高点，有时卖了之后它可能还会继续涨，所以分批卖出，逐步落袋为安，这也是一个很好的策略。

三、止盈止损

1. 关于盈利

我国台湾地区曾出现过棉花大行情，有个做股票的客户，从 1 元的时候买进去，一个小时就涨到 1.4 元，赚了 40%，他都吓了一跳，股票一年也不一定有 40% 的收益，所以他赶紧落袋为安。这种做法在股票上有个术语，称作波段止盈。但是令他想不到的是，后面棉花期权继续上涨，竟然一直涨到了 1000 元。

谈到风控的技巧，可以先看一下上面的这个案例。这位客户用股票的思维做期权，最终错过了一波大行情。所以一定要注意，既然来到波动更大的市场，就不要用波动小的市场思维来衡量，在期权市场，几十个点都是一天就能完成的波动，如果做趋势，那就别在乎那几十个点的收益，而是要盯着几倍甚至几十倍的机会。如果你只盯着几十个点的收益，那还不如去做股票或者对冲。

由于期权的波动，翻倍是很正常的事，既然是博弈期权的市场趋势，那就要吃大的利润，以倍为单位。否则，频繁地操作，天天瞎折腾，不仅赚不到钱，还会影响心态。日内操作需要较强的能力，还需要严格的执行力，大部分人并不具备，往往都是频繁折腾，本金不保。但是，在这里还是要提醒喜欢做日内操作的朋友，可以留一点底仓去做趋势，然后用日内操作优化趋势，这样也是一个不错的选择。

2. 关于止盈

（1）如果你的目的是做趋势，在指数趋势行情中，若有 10 倍的盈利已经非常可观了，这时就可以考虑止盈。

（2）如果做日内的话，有 20%~100% 的收益也可以考虑止盈。

（3）如果是以买彩票的心态博“末日轮”的话，出现极端行情，可以考虑盈利至 2 倍以上再止盈。

止盈在操作上并没有唯一的标准，但是一定要学会止盈，不要想着从头吃到尾。做趋势也要止盈，因为期权本身有时间价值，你不能一直拿着，等涨到差不多的时候，比如一倍、两倍、五倍、十倍，你就要撤退。不过，具体到多少倍才撤退，或者到什么点位撤退，都是很讲求艺术的，要结合市场即上证50指数的波动，来做出相应的策略。如果是做日内，也是需要止盈的，做日内你的目标就不能太高了，有时候5个点、10个点甚至是20个点，差不多就行了，千万别像做大波段一样，把握好这个原则就行。如果是买期权的“末日轮”，那么就要记住一点，见好就收。不过，具体见到多好就收，也没有什么量化标准，因为当天做末日肯定当天要出来的，所以要根据市场的趋势，趋势好就顺势而为，但是不管如何，哪怕是一倍、两倍、三倍尾盘都要出。当然中彩了更好，盘中可能会有几十倍，但最终你都要做这种止盈的动作。

3. 关于止损

（1）如果是做趋势的话，切记要设定好自己的止损线，建议一般在30%~50%时就要坚决止损。

（2）如果做日内的话，可以设定在10%~20%止损。

（3）如果是以买彩票的心态博“末日轮”的话，因为投入的钱也亏得起，那么可以在50%以上再考虑止损。

做股票要止损，做期权也同样要止损。当然，期权的波动会大一些，所以你要设置好自己能承受的止损线，比如日内操作，可以设置10个点、20个点为止损位。如果是趋势行情的话，则设置的止损位要略大一些，30%~50%都可以，因为要博弈一个大的趋势，它的波动弹性也会比较大。如果是做“末日轮”的话，本身的投入就是止损了，因为你本来就是把它当作买彩票，中了就中了，没中也没有关系。当然，如果投入的1000元剩下二三百、三四百的时候，你立刻去止损也是可以的。

本章小结

（1）一定要清楚你做期权的目的，才可以正确使用期权工具。

（2）做好仓位管理，切忌全仓进、全仓出，没有盈利不要加仓。

（3）根据你做期权的目的，设定好相应的止盈、止损线。

做期权的目的不同，就会有不同的策略。可以以博彩为目的，或者以练习盘感为目的，或者以做趋势为目的，或者以做对冲为目的，与之相应，都会有各自的策略。但终归来讲，期权都只是你做投资的一种补充，要控制好你的风险，拿有限的资金去博无限的机会，还要根据不同的目的、不同的策略，设定好你的止盈、止损线。

其实，止盈、止损线设置得合理与否，最终与投资者的性格有关。我们常说，性格决定人的命运，做期权也是如此，激进的、稳健的，不同的性格，最终会造就不同的期权人生。如果不信，你去好好地玩一下，就会知道了。但是一定要记住我的话，拿有限的资金去领略期权的魅力，用输得起的钱去玩，切忌全仓，这是基本的原则。

第七章

选好合约，制定策略

学前须知：本章主要是解析选择合约的逻辑，让你把握机会更加清晰。先要做出策略的预判，选择好对应策略的合约，计划好你的交易，然后交易你的计划。

内容等级：★★

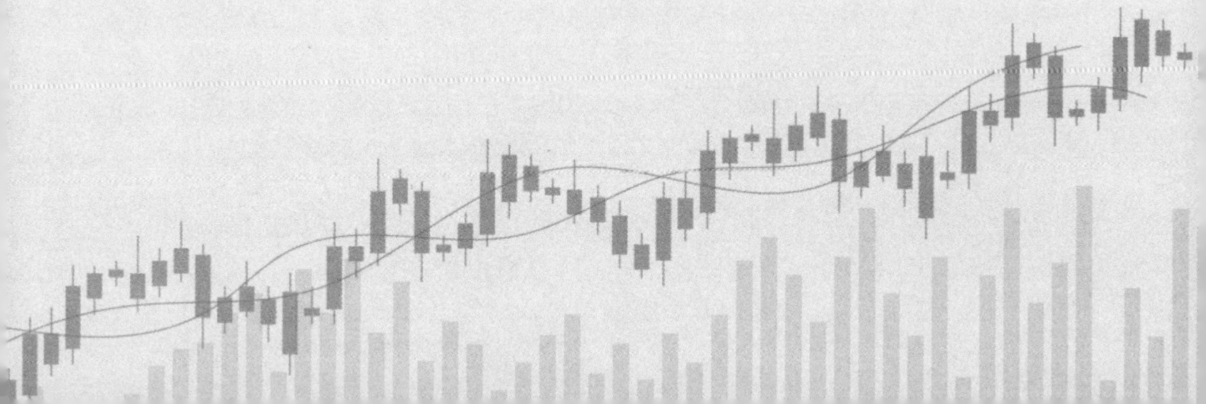

一、选好合约

怎么去选好合约并制定策略，这个是有技巧的，而且已经涉及具体战术的问题。在前面我已经讲了很多战略，还有一些应用以及思路上的认知，那么现在就具体到战术上面。

关于期权交易，首先要明确的就是合约到期月份。

以上证50ETF期权为例，其到期月份分为当月、下月、季月和隔季月。对不同到期月份的合约进行交易，取得的效果差别很大。

合约选择是成败的一个关键。因为合约有很多，有近期的、有远期的，还分为虚值与实值，而你对合约的选择，其实就是你对未来趋势的一种判断。如果你判断准了，合约又选得比较好，那么你最终就能成为市场的赢家。如何去选好合约，除了判断要准以外，还要结合你的策略，其实也就是结合你对未来的一种预期，包括对仓位的管理等。

合约分为远期和近期两种。如果你觉得下个月有很大概率要暴涨，就选近期合约，博弈接下来的短期趋势。如果是选择远期合约，那么你的目的就是做一个长期的趋势性机会，而不是短期的机会。所以你要非常清晰合约时间的属性和自己的思路，结合未来的研判，确定好自己的策略，也就选好了合约。

如图 7-1 所示，打开期权 T 型报价，点开上面那个日期，就会发现有 4 个月份的合约。这里可以看到是 11 月份、12 月份、3 月份以及 6 月份，一目了然。根据你的判断，远期还是近期，选择自己要把握的月份即可。然后，再确定是选左边认购，还是右边认沽。

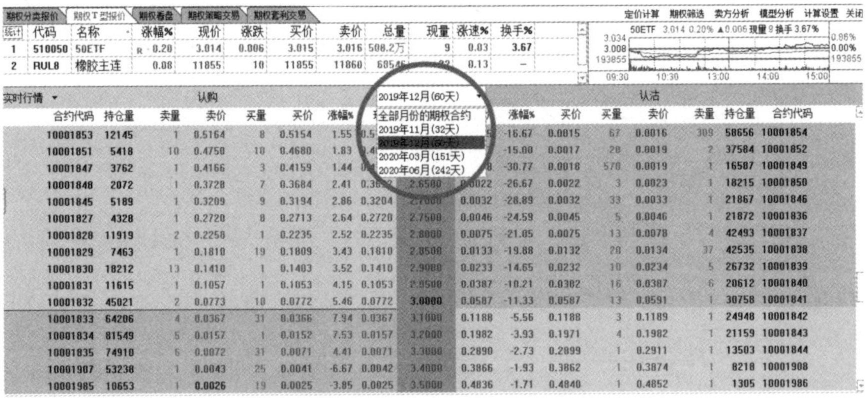

图 7-1　合约选择界面

1. 远月合约与近月合约的区别

远月合约和近月合约是有区别的。近月合约包括当月和下月合约，远月合约包括季月和隔季月合约。两者的主要区别就是合约流动性和杠杆的大小不同，近期合约的流动性更大，杠杆也更大，远期合约流动性偏小，杠杆也较小。所以选择近期就选择了激烈，选择远期也就选择了稳定。那么最终是成功还是失败，就看你的方向是对还是错，对于这一点大家一定要非常清晰。

（1）流动性的区别。

近月合约通常交易量比较大，流动性比较好；远月合约通常交易量比较小，流动性比较差。当然，在交易的过程中，一个合约的流动性也是动态变化的，随着到期日的临近，近月合约的流动性也会变差，而远月合约的流动性则会逐渐增强。

很多做日内或者超短线的，一般会选择近期的合约，因为近期的合约流动性好，资金进出非常迅速，而且近期合约杠杆大，波动也比较大，超短线的空间也会比较大。而做超短线买远期的合约就会有流动性和波动小的限制，所以远期合约不适合做超短线，它更适合做中长期的布局，可以把其视为一种中长期的投机策略。因为近期合约的波动大，流动性好，所以目前大部分人都是选择近期合约操作。

据统计，2018 年上半年近月合约成交占比高达 90% 以上，而远月合约成交占比仅 10% 左右。从数据上我们就可以知道，近期合约是市场成交量的一个主导。当然，合约的流动性也是动态变化的，比如现在最近的合约是 4 月份，那它就是现在流动性最好的合约，但是随着 4 月份逐渐过去，流动性最好的就会变成5月份。随着时间的推移，远期的合约逐渐变成近期的合约，它也会慢慢地变成流动性最好的合约。所以流动性随着时间的流逝，会出现月份的迁移。

在前面我讲过，要学会平仓，学会移仓，尤其是在做当月合约的时候，波动到一定阶段，就要转移到下一个月份的合约。先选月份合约，然后选择虚值、平值或者实值，这些都是在具体操作上需要注意的地方。

（2）杠杆大小的区别。

期权杠杆的大小与标的价格、期权价格和Delta（用来衡量标的价格变化对期权价格变化的影响）有关，期权杠杆的大小与标的价格、Delta成正比，与期权价格成反比。

当然，近期跟远期的杠杆大小也不同。越是远期的，它的杠杆就相对较小，越是近期的，它的杠杆则相对较大，所以市场对它们的影响也会不同。比如今天市场大涨两个点，那么近期合约可能就会大涨，涨一两倍也很正常，但是远期的合约可能就会涨几个点或十几个点。这就是由于杠杆大小不同所导致的。

但是，远期合约有个好处，它的时间价值比较多，所以你可以选择中长期持有。不过近期合约的时间价值比较少，快要临近到期时就要移仓，不能死守着，因为随着时间价值的流失，期权合约就只剩下内在价值了。期权的价值等于内在价值加上时间价值，所以随着时间价值的流失，也就是临近到期，你就需要迅速做出移仓的动作，来增加时间的价值。大家对此应该要非常清楚。

一般来说，近月平值合约和远月平值合约的 Delta 值都在 0.5 左右。同一执行价的近月合约比远月合约要便宜很多，越近就越便宜，越远就越贵。杠杆呢，就是越近越大，越远则越小。如图 7-2 所示，对比来看一下就非常清晰了，近期的杠杆要大于远期的杠杆，而虚值的杠杆则要大于实值的杠杆。

Theta	Rho	Gamma	Delta↓	溢价%	真实杠杆	杠杆	购<行权价>沽
-0.1122	0.0210	0.0000	1.0000	0.04	7.24	7.24	2.550
-0.1144	0.0214	0.0000	1.0000	0.03	8.26	8.26	2.600
-0.1100	0.0205	0.0000	1.0000	0.09	6.43	6.43	2.500
-0.1166	0.0218	0.0001	1.0000	-0.02	9.65	9.65	2.650
-0.1197	0.0222	0.0032	0.9999	-0.00	11.51	11.51	2.700
-0.1349	0.0226	0.0473	0.9990	0.10	14.07	14.09	2.750
-0.2332	0.0228	0.3742	0.9902	0.05	18.47	18.66	2.800
-0.6006	0.0220	1.6227	0.9436	0.14	25.14	26.64	2.850
-1.2837	0.0190	3.9747	0.8024	0.35	35.28	43.94	2.900
-1.7535	0.0131	5.6595	0.5507	0.96	46.13	83.77	2.950

图 7-2　近期和远期、虚值和实值的杠杆对比

在 2018 年 7 月 20 日，50ETF 一度涨逾 3%，当月行权价为 2.6 元的平值合约收盘涨幅高达 575%，而 12 月到期行权价为 2.6 元的平值合约涨幅仅 35%，两者相差了 16 倍。这就是杠杆的区别。这也就解释了为什么近期合约的流动性会最强，因为近期合约的波动可以非常大，特别吸引那些投机性的资金。所以很多投机性资金都喜欢玩近期合约，这也就决定了期权市场 90% 的成交量是来源于近期合约，而仅有 10% 的成交量是

来源于远期合约。

2. 实值、平值与虚值价格所受影响的区别

对于实值合约，由于到期行权概率较大，且实值合约的时间价值占比较小、内在价值占比较大，故而波动率的变化对实值合约价格的影响较小，其价格变化主要是受到股价变化的影响。

对于平值合约，其主要是受到股价和波动率的双重影响。一方面股价的变动会直接影响内在价值，另一方面会受到波动率的影响，进而间接影响期权的时间价值。

对于虚值合约，主要是受到波动率变化的影响，合约价格几乎完全由时间价值组成。

这就是实值、平值和虚值价格所受影响的区别。

二、制定策略

行情预判策略，无非就是上涨、下跌、震荡和突发这四种，那么具体要怎么去制定呢？接下来我们就一个一个地来介绍。

1. 上涨趋势预判策略

策略：买入认购近月合约，波段持有。

特点：上涨盈利无限，下跌损失权利金。

示例：30% 涨幅，200 倍杠杆，加上大众心理共振，至少涨幅 200 倍以上。

比如说，你认为接下来要上涨，那很简单，买入认购即可。选择近月为主、远期为辅，然后波段持有，这是一个主要策略。因为处于上涨趋势，所以上涨盈利可以无限，如果下跌无非就是你投入的本金受到损失。

像示例中的这种单边趋势行情，30% 的涨幅，如果买了近月合约，它的杠杆会很大。一旦如预期上涨的话，那就真的可以达到一二百倍，这样的诱惑非常大。所以在上涨预期比较确定的时候，一旦吃到近月合约的趋势波段，阶段性指数能够涨到百分之二三十，那期权上百倍的收益就到手了。

2. 下跌趋势预判策略

策略：买入认沽近月合约，波段持有。

特点：收益无限，有损失权利金的风险。

示例：27% 跌幅，200 倍杠杆，名义涨幅 54 倍，实际涨幅 300 倍以上。

单边下跌趋势，购买认沽期权也是以近月为主、远期为辅，然后波段持有。同样也是收益无限，可能的风险也只是你投入的权利金受到损失。

比如上面这个示例，单边下跌 27%，200 倍杠杆的名义涨幅就是 54 倍，而实际涨幅可以达到 300 倍以上，相当惊人。

单边趋势都是几十倍到上百倍的这种涨幅。当然，前提是波动要大，有连续几十个点就能够到几十倍了。

3. 震荡趋势预判策略

策略：以一成至三成仓位做认购认沽当月合约，每日反复交易或空仓。

特点：盘中反复做差价小额盈利，有损失权利金的风险。

示例：震幅区间 10% 左右，反复做盈利无限。

震荡趋势的话，你要加强操作，就是波动的操作，对于买方，就是一成至三成仓位做认购认沽当月合约，每日反复交易或者空仓。

就是说，要频繁交易或者是干脆空仓，盘中可以反复做一些小差价，因为它是震荡市，所以你这个预期也不要太高了，不像单边趋势可以有几倍几十倍。在震荡市的话，有几十个点或几个点就差不多了，要以不损失你的权利金为主要目的。

当然，一旦损失权利金，只要控制好操作仓位，起码也能承受。这样，哪怕区间只赚 10% 的波动，你如果很厉害的话，也是可以收益无限、风险有限的。在震荡市就是用震荡市的一些操作策略和方法，说白了就是 T+0 做日内，短差（指股票投资中短线交易的行为）高手在震荡市也是能够做得比较好的，但是对于一般人我个人建议还是做趋势，这样你才能把握住机会。

4. 突发事件预判策略

策略：买入相同到期日，虚值的一份认购、一份认沽。

特点：一方大赚，一方亏损权利金，综合获利。

示例：事件影响不及预期，未出现大波动，迟早止损。

很多时候，我们生活的这个世界上都会出现一些突发事件，比如中美贸易摩擦、突然加息减息等，这些都是属于制定突发事件预判策略的范畴之内。而有时我们对于这个突发事件不知道趋势方向，是涨还是跌，那么最好的方法就是做跨式交易策略。

跨式交易策略就是“三个相同”：买入相同的到期日、相同的数量、相同行权价的认沽和认购。简单来说就是，买一个认购，再买一个认沽，其他相同，两边都押。采用这种方式，其意主要就是买入波动大的风险，也就是博弈大波动的机会。

简单举个例子，预期有大波动，但不知道方向，那你就在左边认购押 10 万元、右边认沽也押 10 万元，受到突发事件刺激，行情总会走向一边，比如突然暴涨，那认购就可以涨一倍、两倍、三倍甚至更多，而认沽当然就要跌了，但是可能也就跌五六十个点，越跌亏得越少，不会一下子跌没。最后可能就是认沽的 10 万元变成 3 万元或 5 万元，但是认购的 10 万元则有可能变成 30 万元、40 万元甚至更多，总体算下来还是赚的。

这样就规避了只押单边的风险，如果行情走出反向，只押一边就巨亏了。

所以，对于会有大的波动、方向不明时，就可以两边都押，只要波动大，最终相互抵消，你还是赚的，只是比起单边的获利要少很多。

本章小结

在这一章我们简单分享了怎么选合约，是选近期的还是远期的。这也是本章的重点——如何去看近期、远期的合约。选择近期还是远期，主要看投资者自己，先得清楚自己到底是什么类型的人，然后选择适合自己交易的一些品种。比如，你看好未来，就可以做一个近期和远期的组合，若你看好长期的未来的话，甚至可以重点放到远期合约，即着重远期布局的策略。当然，如果你平时喜欢博弈的话，那就可以重点放在近期合约上，进行价差的交易策略，有些时候波动大，给人带来的乐趣也很大。

同时，我们也讲了远期合约和近期合约的区别主要就是杠杆和流动性的问题。越是远期的，它的杠杆就越小，流动性也越小。当然，流动性是动态变化的，因为时间在流逝，四月份过去，五月、六月就过来了，最后远期九月份的合约慢慢地也会变成近期合约。对此我们都要有清晰的认识。

还有就是实值、平值、虚值，主要谈了它们的价格所受影响的区别，对于这点大家也要清晰。当然，我认为这个是相对次要的，最重要的是远期和近期合约怎么选，认清楚合约的流动性和时间价值，然后最终制定好适合自己的交易策略。

做期权就要了解合约的因素，选好合约，然后根据你的预测，做好相应的买入策略。策略主要包括买涨、买跌、日内和跨式，针对不同的行情预测使用相应的策略，这样你就能够在未来的市场博弈中更上一层楼。

总之，学习期权一定要结合实战，不断地去总结、总结、再总结，然后你才能不断地成长、蜕变。

第八章

合理买入与平仓

学前须知：本章主要是讲的是怎样更好地去买入和平仓，都是一些实战的技巧。其中也分享了日内节奏的把握，以及在不同目标模式下的买入与卖出策略。

内容等级：★★

一、买入技巧与策略

如何去更好地合理买入和平仓，首先我们要了解日内交易时间的选择技巧。

1. 日内交易时间选择技巧

日内交易时间的选择，也是有技巧的。因为每天有上午盘和下午盘，而投资者都知道，往往早盘刚开盘的时候，是很容易受消息影响的，比如上午 9 点半到 10 点，在这个时候可以去做一把超短线，因为它受事件的影响比较大。而当天的走势一般定调在上午 10 点到 10 点半，一直到下午两点半之前大概率会延续之前的走势。

这个规律对实值比较有效，对于虚值，因为会受到波动率的影响，而每日开盘波动率一般都是全天的高位，如果波动率杀跌，就会出现指数继续上涨、虚值反而下跌的状况。所以一般而言，日内用实值会比较稳定，因为时间价值占比非常少，基本上和指数同涨同跌，比较容易把握。

到下午两点半之后，一般就是对将来的预期，也就是开始筹备明天了，所以，这也是比较容易波动的时间段。

通过这种时间规律可以发现，在一天里面，比较好的卖出时间应该是在上午 10 点到 10 点半这个时间段，因为它是比较稳定的。而 9 点半到 10 点这段时间是不稳定的，主要是情绪宣导的原因。而比较好的买入时间可能就是在下午两点半之后，因为这个时间之后就是买未来的预期了。所以，每天不同的时间段都是有一些交易技巧的，理解了这些技巧，你就可以采取相应的策略。当然这也不是绝对的，只是我自己的一些经验体会，供大家参考。

但是，至少要记住，上午 9 点半到 10 点是波动比较大的，10 点到 10 点半往往开始趋于稳定，而下午两点前后就是反映前期的一种趋势，或者是反映未来的一种预期。你了解了这些以后，就可以照着去找一些交易机会，不论是短线还是中线，都可以按照这种思路去做。

2. 大波段买入策略

建议合约月份挑选：远期合约（3 个月以上）。

建议合约挑选：实值合约或平值合约。

建议仓位：建仓 30% 的仓位；盈利 50% 以上后考虑加仓

30%；再盈利50%后加至满仓。

建议买入时机：大盘初步走出趋势，2~3根连续阳线或阴线。

对于大波段的买入，也就是说想做大的波段，当然是要做远期合约了。一般远期合约都是在3个月以上，比如季月和隔季月就是远期合约。远期合约的选择也是有技巧的，你可以选择偏实值一些的合约或者是平值合约，当然，如果你认为自己很擅长投机，那么买虚值合约也可以，这主要是看你本人的策略或者倾向。我个人建议，这种时候的买入策略是先建仓30%，如果有盈利，再加30%仓位，再赚再加，如果不盈利则不加。记住，买入的时机是在大盘初步稳定开始走出趋势的时候，一定要顺势而为。

当然，反过来下跌也是如此。做下跌的认沽，也是在开始下跌的中阴线时顺势而为，策略同样是依照"333原则"。

3. 小波段买入策略

建议合约月份挑选：近期合约（1~2个月）。

建议合约挑选：平值合约或虚值1~2档的合约。

建议仓位：建仓30%~50%的仓位买入，设置好止盈、止损线。

建议买入时机：大盘走出确定性趋势，比如创新高、创新低等。

关于小波段的买入策略，就是选近期合约，即1~2个月以内的。合约选择主要是买平值或者是稍微虚一点的，因为是在做短线小波段。不过也有很多人喜欢投机比较虚的合约，波动更大，反正输了也无所谓。对于仓位的控制，我认为也可以遵循“333原则”，当然，如果胆子大一点，30%~50%也可以，因为近期合约会更激进一点。近期合约买入的时机和远期类似，也是在期望趋势一旦出来的时候，比如大阳线或中阳线出来，就赶紧下手。或者趋势没出来，左侧交易也行，这个就属于战术的问题了，要具体问题具体分析。但是要记住，不管如何，小波段买入策略就是三个字——快、准、稳。

4. 末日合约买入策略

建议合约月份挑选：5~10天内到期的合约。

建议合约挑选：虚值合约或平值合约。

建议仓位：10%~20%的仓位直接买入。

建议买入时机：到期前5个交易日购买，上个月末日合约没有出现翻3~5倍的，本月出现的概率会加大。

末日合约，就是我之前谈到的还剩一个星期左右就要到期的期权。关于末日合约的交易策略是要么买平值，要么买虚值，也是做投机的。那么仓位呢，我建议尽量是少一点，10%~20%比较合适，比如有1万元，拿一两千元玩玩就行了，小赌怡情，只有这样你才能够长久生存。否则一下子赌大了，而“末日轮”

风险很大，一买入就可能归零，就亏大了。而买入时机就是到期前的一周左右，也不一定是 5 个交易日，大约一个星期左右买入就行了。没有出现翻倍以上的涨幅就不卖，因为赌“末日轮”本身就是赌翻倍的，到最后实在没办法你再把它平掉。

同时，我们也要注意关于买入的几个误区。

第一个是随意左侧抄底买入。这并不是说你左侧买入不行，而是不要太随意，一定要有策略，也就是说思路要清晰，比如你认为将来马上要涨了，那就可以买。

第二个是买入过多合约。有些时候合约的选择贵在于精而不在于多，不要一下子把所有的近期合约不论虚值、实值还是平值都买了，而是要精挑细选。比如说买一两个合约就行了，一击必中，不要把鸡蛋放得太分散，有时候要集中放在一两个篮子里面，这样收益才会大，太分散的话，你的收益最终就会被平摊掉。

第三个是买入仓位过多。买得太多也不行，为什么？因为买得多是建立在你盈利的基础上，如果没有盈利，一下子买太多，那万一错了呢？这个风险也是很大的。

第四个是买入前没有设定好止盈、止损线。做投资一定要有原则，不随性交易，在股票操作中一般要求做好止盈、止损，在其他投资上也一样，只有保住了本金才有继续博弈的机会。所以，操作控制了仓位，还要设定好底线，有规划地交易。

第五个是多次买入失败后还要继续买（赌徒心态）。千万不要被情绪所主导，当你连续失败的时候就不要再赌了，不然就真的变成了赌徒。也就是说，当你成功了才可以加仓，一旦失败了就要减仓甚至砍仓。如果做错了，那可能意味着你的运气还没到，或者是你看错了。一定要重视信号，根据确定的信号选择加仓还是减仓，这是一种正常的策略。

第六个是不盈利就继续加仓。一般来说，如果没有盈利，就不要继续加仓了，一定要有盈利才能继续加仓，这是非常重要的。有些人是不盈利还继续加仓，这与前面买入失败后还继续买从本质上来说是一样的。所以，正确的理念是盈利之后才继续加仓。

二、平仓技巧与策略

1. 大波段平仓策略

建议止损线：亏损 30%~50%。

建议止盈线：盈利 3~10 倍。

建议止盈技巧：到达止盈线先平仓 30%，合约破 5 日线再平仓 30%，破 10 日线全平。

因为是大波段操作，所以亏损幅度可以相应放得比较大一点，比如以 30%~50% 作为你的平仓线，而止盈线则可以选择 3~10 倍。这一止盈的技巧就是到达止盈线，先平仓 30%，合约破 5 日均线再平仓 30%，破 10 日均线全部平仓。这只是一个简单的技巧，其核心是你的止损位比较大，止盈位也是比较大的，然后就可以选择逐步卖出，三成三成地卖这样一个策略。

2. 小波段平仓策略

建议止损线：亏损 20%~30%。

建议止盈线：盈利 1~10 倍。

建议止盈技巧：到达止盈线先平仓 50%，合约破 5 日线全平。

因为是小波段操作，所以你的止损位幅度就下降了，大概在 20%~30%，当然，你的止盈位也就不要那么高了，顶多一倍或者两三倍，最多 10 倍。这一止盈的技巧就是到达盈利点的时候，可以先平一半，因为是近期合约，你卖出一半基本上本金就收回来了，剩下的都是利润，那这个时候你就很淡定了，剩下的那一半你也可以择机再做一些操作。这就是近期合约小波段的平仓策略。

3. “末日轮”平仓策略

建议止损线：亏损 50%~80%。

建议止盈线：盈利 2~10 倍。

建议止盈技巧：到达止盈线全平。

因为“末日轮”的波动可以很大，所以它的止损位也就很大，大概在 50%~80%，甚至不设止损也无所谓，毕竟你赌的就是“末日轮”，所以末日的仓位一定要拿输了也无所谓的那一部分资金去赌。而止盈位则可以设在 2~3 倍，有的时候多一点也没关系，如果行情极端，十倍、几十倍都无所谓，因为是“末日轮”，见好就收即可。这一止盈的技巧就是到达止盈线全出，因为是“末日轮”，也就不要分仓卖了，到差不多的位置就可以全部卖掉。当然，如果你日内交易做得好，相信自己的交易水平，那么分批卖也行，反正一定要在一天之内全部卖完，千万不能恋战。“末日轮”越靠后，你的风险也就越大，所以觉得差不多的时候一定要手起刀落，速战速决。

4. 需牢记的卖出准则

（1）期权是 T+0 模式的交易工具，意味着你可以随时纠错，损失有限，卖出要快。

（2）时间是买方最大的敌人，要当断则断，切勿恋战。

（3）看准趋势，跌破趋势（均线），快速做好反应（止损）。

（4）止损永远是对的。

这几点就是要牢记的卖出准则，期权可以随时进出，所以速度可以很快，止损也可以很快，而作为买方，时间价值是我们最大的敌人，所以在选择合约时，一定要有充足的时间，当然末日合约除外。做趋势一定要把握到位，出现转折点时一定要及时反应过来，不要让亏损变大，或让盈利回吐。止损和控制仓位，就是在控制风险。

本章小结

（1）按照计划分批买入，风险更低。

（2）设好止盈、止损线，按照计划执行。

具体来说就是，我们要按照计划分批买入，即“333原则”，这样风险就会更低。然后设好你的止盈、止损线，一定要按照计划进行。做期权一定不要打没有准备的仗，当你充分学习，提升你的系统知识之后，再去开战，最终你的赢面就会更大。否则，盲目地去参与，最终就和买大买小没什么区别，要成为赢家是很难的。

所以，我们一定要有了解、有策略、有设计，这样才能在期权投资这条路上越走越远，最终成为市场的大赢家。

第九章

组合交易策略一：保险性交易策略

学前须知：本章主要分享的是保险组合策略，以对股票、期货、基金起到很好的对冲效果。通过实战案例，让大家更加清晰该组合策略的运用，也好为自己非常看好的标的买一份保险，更加稳健地盈利。

内容等级：★★★

一、什么是保险性交易策略

什么是保险性交易策略？难道期权还有保险？其实我在前面已经讲过，期权合约的本质就和保险类似，但除此之外，我们还有方法能够让它变成一个保险性的交易策略，通俗地讲，也就是对冲交易策略。

对冲交易策略可以用期权和股票对冲，而这里要分享的保险性交易策略，是与期货进行对冲，没想到吧，期权也可以和期货进行对冲——指数之间的对冲。好了，现在就来揭开这个神秘的面纱。下面，我会从保险性交易策略介绍、实战案例以及注意事项这三个方面逐一分享。

1. 保险性交易策略介绍

保险性交易策略主要就是在持有标的证券的同时，买入一定数量的认沽期权，来对冲所持的标的价格下行的风险。若卖空股指期货或相应的股票标的，担心市场短期上涨，也可以买入认购期权来对冲价格上行的风险。如果持有的标的继续上涨，那上行的利润足以抵消认沽的资金；如果持有的标的下行，认沽的期权则可以对冲它的风险。这样就能很好地起到对冲的效果。

而相反的，也是同理，比如你卖空股指期货或相应的股票标的时，担心股指或股票上涨，那你就可以买入认购期权，来对冲价格上行的风险。不论是做多还是做空，都可以用对应的期权通过认购或者认沽进行对冲，这就是保险性交易策略。

2. 保险性交易策略的主要用法

（1）看好某只股票将来会上涨，但是担心市场最近有回调的风险，导致利润回撤或亏损。

（2）预期市场会下跌，但手中的股票因为某种原因短期无法抛售。

（3）目前持有的股票已经有比较丰厚的利润，想保持目前利润的同时并保留继续上涨收益的空间。

比如，某只股票上涨，担心市场有调整的风险，就上一份保险，买入认沽期权，一旦市场暴跌，那就可以进行对冲了。如果你手里有 1000 万元的股票资产，那么就买入 30 万元或 50 万元的认沽期权。如果指数出现跌停板了，那即使你的股票全部跌停，也就是 1000 万元变成了 900 万元。而期权这边，30

万元可以变成300万元或500万元，50万元可以变成500万元、800万元，这完全有可能。这样就抵消了股票损失的100万元，最终还能净赚一两百万甚至三四百万。

所以，像这样进行对冲的最终结果是不仅没亏损，而且还能赚钱，这也是运用保险性交易策略所能达到的最高境界。当然，很多时候并不是这样做就一定会赚钱，但是至少对冲了之后会让你的损失减少，本来要损失100万元，最终只损失了20万元，那不也挺好的嘛。这就是使用保险性交易策略最大的一个优点，尤其是在你有点迷茫的时候，上一份保险就可以放心了。所以，不仅是在我们生活当中有保险，在我们做股票、做期货时也都有保险，问题是你懂不懂得玩，这就是专业和不专业的区别，你懂得玩就会变成专业的。当你成为专业级别的选手，玩法多了，慢慢地越玩就越有意思，最终你就能够实现蜕变了。

二、实战案例分析

2018年3月28日，上证50股指期货价格为2706元，张先生现价卖空一手上证股指期货，约8万元左右；4月1日，上证股指期货价格大涨至2906元，张先生亏损约6万元。

如果当时张先生同时买入 60 张均价为 0.0144 元的 50ETF4 月购 2800 元的合约，约 8600 元（期货的 10% 仓位），4 月 1 日，该合约价格上涨至 0.0827 元，那么盈利约有 5 万元，就可以对冲卖空的大部分亏损。

从案例中我们可以看到，由于张先生纯粹做空导致了亏损，损失约 6 万元，如果当时张先生同时买入认购的期权合约，仅占期货的 10% 仓位就可以盈利约 5 万元。这相当于就是买了一份保险，一份保险盈利 5 万元，对冲掉前面的 6 万元损失，最终就仅损失 1 万元。用少量的资金对冲大幅的亏损，这很显然是一笔不错的买卖。

这是一个股指期货对冲的典型案例，你只需要拿出期货资金的 1/10 去做一个反方向的对冲，一旦行情朝着不是你预期的方向走的时候，它就会起到一个对冲的效果。

三、保险性交易策略的注意事项

1. 对长期看好的标的进行保险

我们购买期权的权利金就相当于保险费用，如果你是坚定地看好你所持有的标的，那才值得去做保险性交易策略。如果你持有的标的没有保持涨势的话，那扣掉保险的费用，收益是会降低的，就不值得构建保险性交易策略，而是要择机卖出，这是你需要注意的。换句话说就是，做保险性交易策略的前提是比较看好的，尤其是股票标的。比如说你对手里的 1000 万元股票市值是非常看好的，但是你又怕市场回调对它形成冲击，那你就买一份期权合约，上一份保险，那么风险最终就可以对冲掉了，如果遇到极端行情，期权倍数放大，还能通过期权赚钱。

2. 选择合适的保险价格

期权合约价格不同，会导致保险的效果不同。行权价格、权利金以及保险效果之间存在着正向变动关系，以认沽期权为例，行权价格越低，权利金越少，保险的效果就越低，反之亦然。

只有选择好合适的价格，你的赢面才是最大的。就比如，期货一手 8 万元，你买保险用期权花了 8000 元，也就是占了总资金的十分之一，价格就比较合理。但是如果你买了相同价格的保险，和持仓价钱一样，也是 8 万元，这就不是对冲了，也起不到对冲保险的效果。所以保险的价格也是很重要的。

3. 保险期权的到期时间要与对标物匹配

保险期限的到期时间一定要与对标物匹配，也就是说，如果你买的合约是4月份的期货看涨，那么最好同时也要买4月份的期权认估，这个时间要匹配。不能买的是4月份，然后匹配6月份或者8月份的。如果不匹配的话，对冲效果就会大打折扣。当然，如果你没有明确的持有时间，就建议买入短期合约，搞清楚持有标的的时间再选择进一步的操作。

本章小结

（1）保险性交易策略是为了对冲风险。

（2）保险性交易策略多用于对冲持有看好的标的、期货、ETF基金等。

（3）选择合适的保险合约，保险合约（期权合约）最好与持有对标物时间相匹配。

保险性交易策略就是为了对冲风险，给你手上看涨的品种或者看空的品种上一份保险，让你在未来的动荡当中不至于被市场“三振出局”。当然，这会额外多付出一点成本，但是我认为这个成本是值得的。保险合约要选择合适的，与持有对标物的时间匹配。总的来说，该策略只是期权应用中专业级别的一个基本操作，是一种组合，即组合其他的证券品种、股票品种、期货品种，然后再运用一些期权做成一个组合，从而起到保险的效果。

一定要好好地去感知，在实战中去体验一下。买股票、买期货，用期权做一个保险，记住一定要是反方向，千万不能是同一方向，持有的是多，买保险也买多，这就不是保险了。当然了，如果你真的是非常非常看好，不加保险，同向买入，则可以加大收益，但同时风险也很大，方向错了，亏损也就加大。所以，从稳健的角度来说，还是要给持有看好的标的股上一份保险，以规避更多的风险，把握更合适的机会，而期权就是一个不错的选择。

希望通过本章的内容学习，可以让你对组合投资有更加清晰的认识，这也就是期权带给我们的价值之一。好好实践、好好感知，一定能让自己变得更好。

第十章

组合交易策略二：跨式交易策略

学前须知：本章主要分享的是跨式组合策略，这是期权交易的基本策略之一，也是较为稳健的策略方法。在正确的时机选择正确的策略方法，盈利就会变得轻松而简单。

内容等级：★★★

10 日市场出现较大波动后双边平仓，也可以获得部分收益。

总之，只要在消息出来之前选择跨式交易策略，通常都可以获利。

三、跨式交易策略的注意事项

使用跨式交易策略要注意几点。

首先是对标物的价格波动一定要超过盈亏平衡点。这个是前提，如果对标物价格不动，那买两边可能两边都亏损，所以对标物波动一定要超过盈亏平衡点。

其次是合约的选择，要尽量选择平值附近的合约，不能选择太虚值的。因为，太虚的话，可能两边都亏损，所以要选择平值附近，实一两档、虚一两档都可以，在平值附近去做是最安全的。

最后就是要及时平仓，锁定收益。一旦预期兑现，你就要迅速地平仓，不要一直拿着，如果趋势没能延续，最后再反复一下，跨式的收益也就没有了。所以使用跨式交易策略时，要见好就收，保住收益。

一般而言，跨式交易策略博弈的是阶段性短期的剧烈波动，而不是做长期的，它主要的应用价值在于看准短期的一个狙击点出击，打完了就走。

本章小结

（1）跨式交易策略是为了应对预期市场价格出现较大波动。

（2）跨式交易策略多用于市场不确定性较强的时候。

（3）选择合适的跨式合约，设置好止盈点，及时平仓，锁定收益，切勿拖泥带水。

跨式交易策略其实就是为了应对预期市场价格出现较大波动，因为方向不好确定，就可以采取这种两边都押并且相对来说稳赚不赔的策略。当然，这个前提是市场波动一定要大，如果市场波动不大，这个跨式交易的结果很显然就会面临两边都亏损的状态了。所以对于这个狙击点，你要有精准的判断。当然，毕竟做了跨式交易策略，那么你也有了全身而退的机会，损失也不会太大。但是记住，不管如何选择跨式交易策略，关键就是要精准狙击，一旦如预期见好就收，不如预期就要果断变成非跨式，恢复常态就行了。

学习到这里，你会发现，从一开始的纯粹买大买小，到现在两边都押，还有保险对冲策略等，是不是慢慢地有了一种升级的感觉，从非职业逐渐进入准职业的状态？当然，这些东西都需要你在未来实践当中不断地总结和加强认识。

第十一章

战胜自己，从10万元到1亿元

学前须知：本章主要分享的是如何战胜自己的心态。做投资，不能无根据地主观推测，而是要结合真实数据客观地分析，剔除自身情绪的影响，控制好自己的心态，稳定地把握自己能把握的机会。

内容等级：★★★

前面已经讲了很多关于期权的入门知识，我相信随着了解的逐步深入，大家应该已经从一个期权“小白”慢慢进入一个准专业的状态了。

其实，期权玩到最后，最关键的决定因素还是心态。战胜自己，战胜自己的心态，那么从 10 万元到 1 亿元并不是一个梦。在市场中这样的案例并不鲜见，而且我自己也有用几千元博到几十万元的实战经历。所以，对期权的未来要有信心。

一、战胜自己

怎么去战胜自己？我觉得，首先大家要认识到一点——亏损的原因。

做期权，90% 的亏损原因是心态不好，容易患得患失。因为期权的波动很大，随便一个波动就是十几二十个点，可想而知，在期权那里追涨杀跌，如果没有制定好策略，一定会被市场“三振出局”。做股票都会被“三振出局”，期权波动更大，会更加放大这种结果。而且，期权和股票的本质不同，期权有时间价值，所以对应的策略也不一样，包括近期合约采取什么策略、远期合约采取什么策略、止损和止盈怎么设置、什么时候选择跨式交易策略、什么时候选择保险性交易策略，这些在前面都已经分享过。认识了这个工具，也应该学会如何去使用它。

如果工具不会用，策略也不懂，什么准备都没有，再加上心态还不好，那就只有亏损的份了。所以，战胜自我，首先要从调整心态开始。

新手常见心态，我总结了一下，第一种就是认为期权操作很容易，以为波动很大，赚钱速度就可以很快。第二种就是价格出现波动的时候，心态不稳，患得患失，容易造成不当操作。第三种就是盲目等待，自我幻想，一直等着期权对标物会按照自己预期的走势，但是结果并未如愿，而又没有相应的策略去应对。第四种就是赌徒心理，多次交易失败，总是幻想着下一笔能全部赚回来，但现实是残酷的，最终还是要从自身出发，从点滴做起，慢慢强大才有未来。

孙先生在 2018 年 11 月初买入 50ETF1 月的认购标的，但是指数 11~12 月一直在横盘动荡。孙先生不服输，不愿意止损，并期待大盘一定会按照他的设想继续上涨。在 11 月中期和 12 月初多次补仓，结果期权时间价值耗光，孙先生所投的几十万元已经亏损超过 90%。

这就是典型的赌徒心理，没有策略，没有认知，最终导致了这样的一个结果。当你亏损越来越多，你的心态怎么可能会好呢？心态如果不好，又怎么可能在这个市场赚钱？我告诉大家，在市场赚钱的都是经历过风浪，而且心态修炼到一定境界的人，对这一点一定要非常清楚。

做期权，战胜自我最关键的就是要对市场充满敬畏之心，要珍惜自己所赚的每一分钱，也要保住自己的每一分本金。不能打没有准备的仗，没有六成以上的把握尽量不要出手。换句话说就是，当你预期机会有几倍，而风险只要几十个点的时候，可以大胆地去干，但是预期机会不是很大，风险却很大时就不要出手。性价比不高，值博率不大。

二、10 万元到 1 亿元的成长路径

从 10 万元到 1 亿元，就是获利 1000 倍，看似难度相当大，但其实仔细分析的话，按照复利增长理论上是有可能做到的。我给大家来算笔账，以每次获利都抽取 20% 来计。

10 万 ×10=100 万（元），扣除 20% 的利润；80 万

×10=800 万（元），再扣除 20% 的利润；640 万 ×10=6400 万（元），继续扣除 20% 的利润；5120 万 ×2=1.2 亿（元）。

根据上面的计算，你只需要做连续 3 次 10 倍再加上一个 2 倍就能完成目标，而且在这个过程中每一次都抽走了 20% 的利润。这应该是一件可以做到的事情，因为在单边趋势的波动中，期权阶段性波段达到 10 倍的比比皆是，问题就在于你能不能每次都做对。

当然，这里有一个难点就是心理承受能力。当你用 10 万元去博弈 100 万元时，可能没有压力，当你用 80 万元去博弈 800 万元的时候，或许还敢往下押，但是下一次用几百万元去博弈的时候，可能很多人就会胆怯了。随着操作资金体量变大，也需要一个心理突破的阶段，当资金量达到一定程度的时候，我们也一般不建议这么玩了，需要运用到其他的策略。当然，现实操作中，增长速度可能也要比理论值来得慢一些。

面对不同的数字，心态就会不一样，所以最终要达到一个亿，其复杂难度也是超乎想象的，现实操作并没有举例所讲的那么简单。前期资金非常小的阶段，比如 10 万元到 1000 万元这个阶段稍微努力一下，还算比较容易达到，但是从 1000 万元到 1 个亿就要复杂多了。

不管如何，从 10 万元到 1 亿元，一定要一波趋势性的行情，没有趋势性行情，一切都玩不转。通常来说，从 10 万元到 1 亿元需要 1000~2000 倍的盈利空间，一波较大的趋势性行情就有 200 倍以上的空间，如果是牛市和熊市的话，都会出现 1000~2000 倍的盈利空间。想象空间是有的，但能否把握到，就要考验大家的能力了。

如图 11-1 所示，这是过去的历史图，也是未来的演绎图。我们可以思考一下，如果未来真的也像这样的走势，那么一切就真的不是什么梦了。当然，在这里面时间节点和交易周期尤为重要。

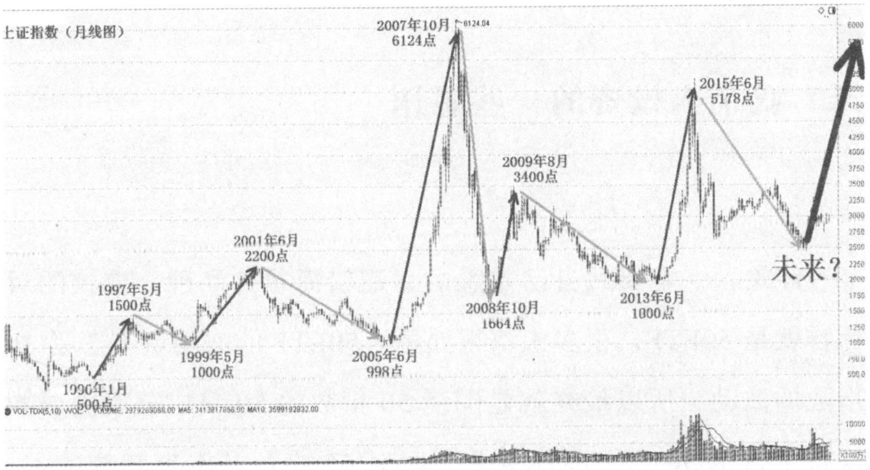

图 11-1　上证指数几次大的趋势性行情

（1）交易模式：找到买入风险有限，但有可能获得无限权利的模式。

（2）标的选择：基于基本面研究、技术研究与交易研究，才能选择到波动性、流动性优秀的品种。

（3）时机选择：在期权交易里，这是所有研究的最终焦点。

（4）根据（1）（2），对最终的期权进行策略布局，这就是盈利的核心。

说白了，这些都是环环相扣的。选择什么交易策略，选择什么标的，近期还是远期，什么时机大涨买还是大跌买等，这些都要具体问题具体分析，结合前面所讲的知识，你可以好好地去梳理，让自己的思路变得更清晰。

三、我个人投资的一些感悟

首先，一定要做自己熟悉的、逻辑简单的品种。期权的对标物就是 50ETF，很多人都很熟悉。50ETF 的波动就等于是 50 指数的波动，所以最终就是围绕 50 指数的 50 只成分股去研判就行了，这 50 只个股你看透了，对 50 指数基本也就看透了，这也是一种方法。

其次，交易时间节点和周期也非常关键。一定要研究透标的物，如果研究透了，那就是做完一波又一波。但是做期权我们没必要时时在场，而要把握大概率能把握的机会，有所为有所不为，看不懂的时候就休息，耐心等待自己看得懂的交易机会的出现，出现背离的时候也要会反手。

最后，还要学会资金管理。按照“333原则”，采取资金分批布局的策略，进行合理的配置。一旦你的资金做好了配置，心态也调整好了，策略也用好了，那么，你想输也输不到哪里去。当大的趋势投资机会出现的时候，要有耐心和魄力敢于吃大波段；获得高收益的时候，要考虑如何保住。

本章小结

做股权交易一定要有平静、放松的心态，但同时也必须有客观理智的分析、深思熟虑的决策。焦虑、急躁、恐惧、贪婪、盲目乐观，这些人性的弱点对交易极为有害。做期权，最重要的是保持战胜自己的心态，而不是一门心思与市场较量。战胜自己，保持情绪定力，远比市场知识和预测知识重要得多。

在实际交易过程当中，我建议给自己放一首轻柔的歌曲来听，让自己能够更理性、更客观，不慌不忙、不骄不躁。只有这样你才能够坦然面对，不以涨喜，不以跌悲，那么战胜自己就不是梦了。

还有，要有所为有所不为，控制好风险，常给自己留有余地，进行快乐的投资。所以，我一直建议大家做期权要坚守一个原则，就是一定要拿有限的资金，也就是输了也无所谓的资金去玩。快乐地玩，玩出花样，也许不经意间你就会成为这个市场中的少数人。

最后，一定要学会温故知新。对于之前学到的内容，要反复地去温习，然后在实战中反复地去总结。只有这样，我们才能越走越远，越来越好。

第十二章

成为卖方与卖方投资策略

学前须知：本章主要分享的是期权卖方需要了解的一些基本内容。期权卖方对行情的研判和时间的掌握，精准度要求比买方要低一些，获利的概率大，但遇到单边行情时要敢于做买方。如果可以做到买方与卖方的切换和组合操作，那么，你对期权的基本操作也就掌握了。

内容等级：★★★

通过前面的基础知识学习，到后面实战阶段的策略讲解等一系列内容，我相信很多人可能已经不能满足于简单的买大买小，或者更专业一些的对期权工具的组合运用，而对其深度的玩法应该会觉得非常有意思。那好，既然期权买方的魅力之门已经向你打开了，现在，我就再为你打开另外一扇魅力之门，让你领略一下期权卖方的玩法。

一、什么是卖方

我们之前学习的押大押小、保险性交易策略、跨式交易策略等，这些都属于期权买方的玩法。

有买方，必然就有卖方。双方要达成交易，买卖双方的预期必然是相反的，通俗来讲就是买方看涨，卖方不看涨，不看涨的含义就是小跌、大跌，或横盘震荡。

1. 卖方的含义

其实，在一开始接触期权的时候，大家就应该知道什么是卖方了。我在前面也分享过，期权本质上来说和保险一样，买的就是未来的权利。当你买了一个保险，就有被保人、投保人和保险公司这些角色，而卖方担任的角色就是保险公司。有买就有卖，双方达成交易，预期必然相反，你向保险公司买了未来可能发生风险的权利，如果风险真的出现了，保险公司要赔你钱，但如果风险没有出现，你投保的保险费就会被保险公司吃掉。

期权也是如此，卖方承担的是义务，而不是权利。交易所将会通过缴纳保证金去约束卖方的义务，所以我们常说，卖方的收益有限，损失无限。

2. 做卖方的优势

为什么卖方理论上的风险比买方高，还有那么多人愿意成为卖方呢？实际上，卖方的原理与保险公司相同，保险公司为什么愿意卖给你保险，就是因为出现风险赔付的概率较低，可能只赔付了一少部分的钱，但是把大部分的钱赚到了。所以，实际上做卖方赚钱的概率要比买方高。

做卖方，表面上它的风险很大，但如果操作得好的话，实际上风险很小甚至没什么风险。这就是做卖方的一个优点，具体如表 12-1 所示。

表 12-1　做卖方的优势

认购期权卖方			
预期	策略	最大收益	最大亏损
不涨	卖出认购期权	有限	无限
认沽期权卖方			
预期	策略	最大收益	最大亏损
不跌	卖出认沽期权	有限	无限

做卖方期权，如果预期不涨，选择的策略就是卖出认购期权，最大收益有限，最大亏损无限；如果预期不跌，选择的策略就是卖出认沽期权，最大收益有限，最大亏损无限。

3. 成为卖方的条件

成为卖方是有条件的，需要开通三级期权的交易权限，收益最多为买方的所有权利金，而做买方只需要开通二级权限。所以，可以根据自己的选择，做买方就去自己所在的券商营业部开通二级权限，做卖方则开通三级权限，开通以后即可卖出合约。卖方在卖出合约的时候需要缴纳相应的保证金，不同合约所缴纳的保证金不同。

二、卖方怎样选择合约

卖方选择合约，正好和买方相反，卖方要重点选择溢价比较高的合约。溢价比较高就是指出险的概率比较低，换句话说就是买方大概率会赔钱的合约，比如虚值合约，如果未按照预期波动，虚值合约会一直损耗时间价值而亏损，溢价过高容易回落造成亏损，所以买方买入虚值合约大概率是要赔钱的，而卖方卖虚值合约给你，赚钱的概率也就大得多。

此外，卖方也要选择流动性比较好的合约。做卖方与买方也是一样的，都要求流动性，因为他也要卖出，如果最终平掉的时候平不出来，就会导致市场价格的波动。

最后，卖方要根据自己的风险承受能力选择合约。

接下来，我们就来具体讲一下。

1. 选择溢价比较高的合约

一般来说，溢价比较高的合约多是连续大波动后新开的近月虚值合约，后续除非有实在的政策利好或较大利空让股指大幅波动，否则这些合约的时间价值都会大幅下跌，卖方可以从中赚取买方平仓的权利金。

请看下面的案例。

2019年4月1日，交易所开出了50ETF购3000的认购合约，起始价为0.543元，后续合约连续上涨，认购合约价格大涨至均价1.087元。张先生认为此合约溢价，预期后续将横盘震荡，于是在4月11号以此均价卖出认购合约，之后50ETF走势反复，该合约时间价值大幅下降，在4月26日下跌至0.405元，张先生在次日平仓，赚取了大量的买方权利金。

案例中，张先生认为该合约涨得多了，溢价比较高，预期它再涨不动了，于是选择做卖方，卖出合约后，从一元多跌到0.405元，最终如期获利。

2. 选择流动性较好的合约

买卖都是一买一卖撮合成交，都会有流动性的风险，所以要尽量选择近期合约，也就是流动性较好的合约，以免合约流动性不足无法平仓。

3. 根据自己的风险承受能力选择合约

买方要根据自己的风险承受能力来选择合约。一般来说，轻度实值合约的利润较高一些，同样风险也就较大；轻度虚值合约的利润一般，不过风险也较低。

用保险的原理来理解期权是最清晰的。如果大部分人的预期没有出现的话，保险公司就会赚得更多，比如车险，假设有100个人是有可能会出车险的，但是最终没有发生车险，那保险公司就大赚了。所以，近期的轻度实值合约利润就会高，风险也就比较大。

所以，出于稳健的考虑，卖方一般都是卖虚值的合约，利润虽然低，但是风险也会低很多。当然，卖方也要结合对未来趋势的判断，比如买方觉得要涨，而卖方觉得大概率是不涨，这时选实值也大概率会成功，那么就可以卖实值，从而多赚一点。具体选择涉及其他更多的专业技巧，但是不论是买方还是卖方，多加实践并不断总结，自然就有经验了。

三、卖方投资注意事项

（1）一定要止损，这是因为卖方的损失是可以无限的，所以止损是卖方保命的唯一动作，但事实上指数的极端走势概率也是比较低的，所以操作得当，卖方的风险也可以说是有限的。

（2）仓位不能过重，否则容易在市场波动较大的情况下因保证金不足被强平。

（3）要控制好仓位，顺势而为，切勿逆势而行，不要在快速上升或下降的通道中卖出认购或认沽。

（4）多卖被高估的期权，找到高溢价的期权合约，适当卖出。

（5）多卖虚值期权，一般虚值期权的时间价值下跌较快，盈利概率较高。当然，其相对收益会比较小。

（6）要随时关注现状，留意市场波动，关注账户保证金是否充足。

把握好以上这几条，那么，相信你就能成为一个好的卖方了。

本章小结

期权的魅力就在于，你可以选择做保险公司，也可以选择做投保人，也就是说买方和卖方是可以相互转换的。行情看不懂了，觉得大概率要动荡，选择做卖方也无妨；行情看懂了，选择做买方操作也可以。你可以随时切换角色操作，但问题是你要玩得转、玩得精，这是不容易的，所以需要在实践当中不断地提升自我。

从某种意义上来说，本书对期权知识的讲解就是给你一种启蒙，也是给你一种指引。如果你能够系统地学完这一整套内容，我相信对你加深期权的认识，更好地做好期权交易，应该会有很大的帮助。然后，再通过不断的实践、不断的总结，我相信你一定会成为期权市场中的那部分少数人。

从 1998 年到现在，经历过的风风雨雨，使我能够有足够的经验来分享给大家。我的目的也很简单，希望帮到他人，最终也成就自己。未来，希望我们一起在新牛市的路上把握更多的精彩。

附　录

实战案例分享：从8000元到20万元

期权是一种以小博大的工具，但波动之大也是一把双刃剑，盈利可以很快，同样亏损也可以很快。因此，对市场的脉络一定要清晰，当机会来临时，要敢于吃大波段，顺势而为很重要。

下面，就是我自己的一个实战案例分享：2019 年 1 月底至 3 月初跨时不到两个月的波动操作（见图 1），后配交割单，可以自己感知。虽然我是最近几年才开始接触期权的，但之前有过做权证和股指期货的经验，所以大家千万不要认为期权交易赚钱很容易，没有学习过期权知识就开始玩期权，也是有很多风险的。

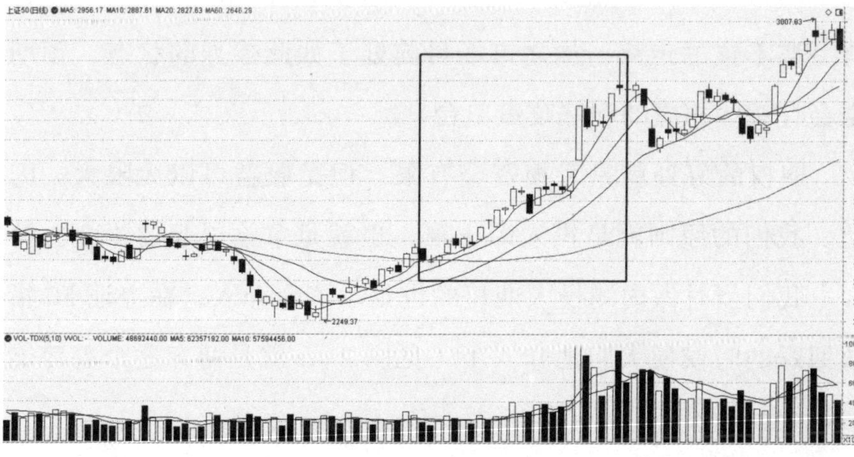

图 1　2019 年 1 月 22 日—3 月 4 日上证 50 指数 K 线图

为什么我能够把握这波大行情呢？核心逻辑是什么？

很多人觉得期权很可怕，高杠杆、波动大，难以把握，其实期权操作起来也可以很简单。期权的标的资产是50ETF，50ETF等于上证50指数又等于60%的大金融，所以研判期权就是研判上证50指数的走势，研判上证50指数就是研判大金融等关键标的的走势。抓住这个本质，也就便于我们去把握期权了。

★ 2019年1月22日

2019年年初，股权质押、商誉减值等各种“雷”频出，悲观情绪蔓延，但是指数慢慢地企稳了，该跌不跌就应看涨，而且运行至2019年1月22日，50ETF品种的关键性标的，像中国平安、贵州茅台、中信证券、招商银行等都走出了一个不错的小趋势，同时，据往年春节行情的数据统计，春季一般都会有一波不错的走势，加之市场目前处于如此惨烈的状态，预期也会有一些相应的利好政策出台。

期权的好处就是亏损资金有限，但是收益可以无限大。因此，我们的原则就是投入即止损，也就是拿输得起的资金去博弈。我们当时做内测投入期权的也是小资金介入，在上证50指数回踩的时候便大胆地介入了（见图2），就是博弈这个趋势能够延续。

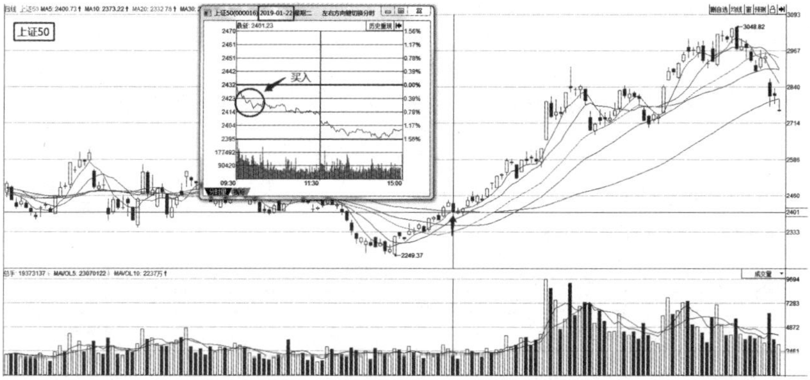

图 2　2019 年 1 月 22 日上证 50 指数

如图 3 所示，是我们 1 月 22 日在期权上的介入点。

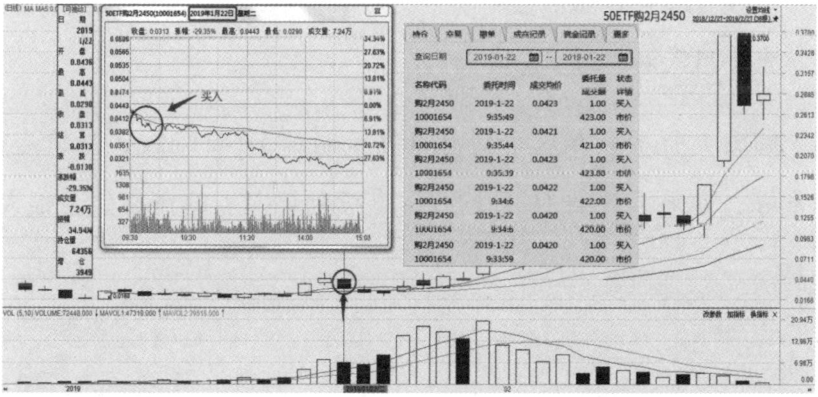

图 3　2019 年 1 月 22 日 50ETF 购 2 月 2450（10001654）：买入

就日内来说可能买得高了些，但是我们看好的是未来，预期会走好，而且也没有投入全部权利金，所以短期的波动我们敢于承受。如图 4 所示，就是我们买入的交割单，14 张 50ETF

购 2 月 2450 合约。

持仓 | 交易 | 撤单 | 成交记录 | 资金记录 | 更多

查询日期 2019-01-22 -- 2019-01-22

名称代码	委托时间	成交均价	委托量 成交额	状态 详情
购2月2450 10001654	2019-1-22 9:35:49	0.0423	1.00 423.00	买入 市价
购2月2450 10001654	2019-1-22 9:35:44	0.0421	1.00 421.00	买入 市价
购2月2450 10001654	2019-1-22 9:35:39	0.0423	1.00 423.00	买入 市价
购2月2450 10001654	2019-1-22 9:34:6	0.0422	1.00 422.00	买入 市价
购2月2450 10001654	2019-1-22 9:34:6	0.0420	1.00 420.00	买入 市价
购2月2450 10001654	2019-1-22 9:33:59	0.0420	1.00 420.00	买入 市价

持仓 | 交易 | 撤单 | 成交记录 | 资金记录 | 更多

查询日期 2019-01-22 -- 2019-01-22

名称代码	委托时间	成交均价	委托量 成交额	状态 详情
购2月2450 10001654	2019-1-22 10:7:23	0.0398	1.00 398.00	买入 市价
购2月2450 10001654	2019-1-22 10:4:29	0.0390	1.00 390.00	买入 市价
购2月2450 10001654	2019-1-22 9:55:49	0.0386	1.00 386.00	买入 市价
购2月2450 10001654	2019-1-22 9:51:6	0.0387	1.00 387.00	买入 市价
购2月2450 10001654	2019-1-22 9:44:32	0.0391	1.00 391.00	买入 市价
购2月2450 10001654	2019-1-22 9:42:52	0.0397	1.00 397.00	买入 市价
购2月2450 10001654	2019-1-22 9:38:38	0.0413	1.00 413.00	买入 市价
购2月2450 10001654	2019-1-22 9:35:49	0.0423	1.00 423.00	买入 市价

图 4　2019 年 1 月 22 日交割单

★ 2019 年 1 月 23 日

如图 5 所示，在这个交易日缩量回踩 10 日均线，量价走得非常好，如果不跌破 10 日均线，继续顺势向上的概率就会很大。

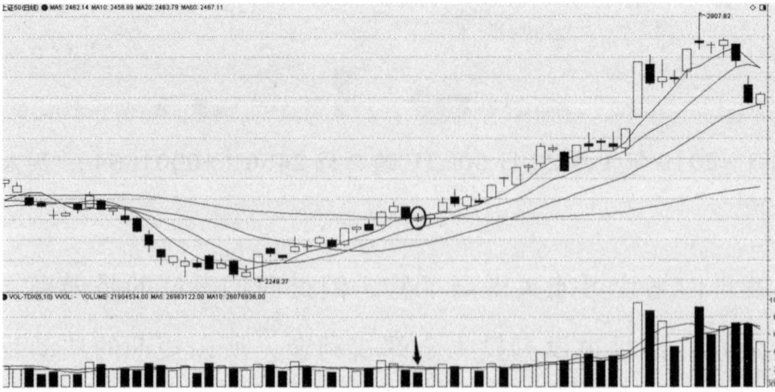

图 5　2019 年 1 月 23 日上证 50 指数

★ 2019 年 1 月 24 日

1 月 24 日果然回踩 10 日均线企稳，未跌破均线，所以我们在如图 6 所示的位置果断加仓。虽然说期权投入即是止损，但是也要学会控仓，如果没有走出预期，走出相反的趋势，该止损的时候也还是要果断止损，留住本金。期权有句话叫作“十网九网空，一网补全空”，就是说哪怕错了 9 次，只要抓准一波就能回本，甚至获得超额利润，这就是期权的魅力。

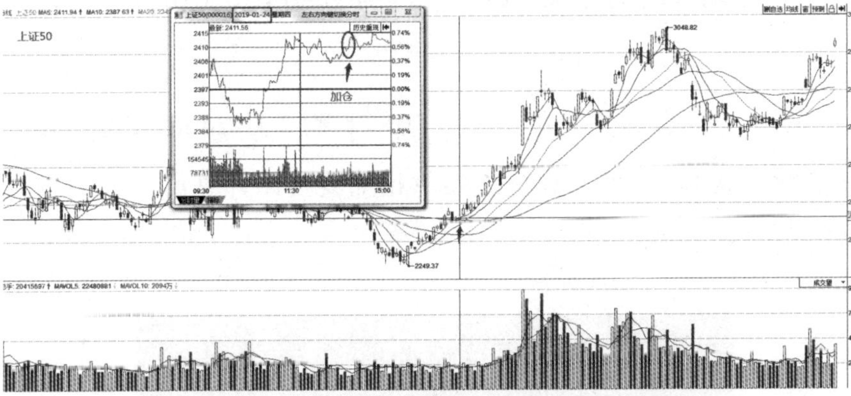

图 6　2019 年 1 月 24 日上证 50 指数

如图 7 所示，就是期权加仓的位置。很多人可能看期权的 K 线有些不自然，但一定要慢慢地习惯。因为我们看好未来，所以买了虚一档的，但最重要的，我们只要抓对上证 50 的方向就可以了。

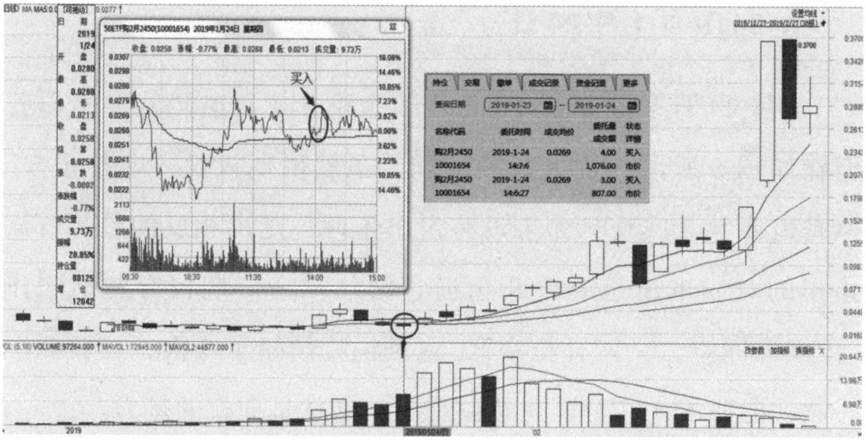

图 7　2019 年 1 月 24 日 50ETF 购 2 月 2450（10001654）：买入

图 8 为加仓的交割单，7 张 50ETF 购 2 月 2450 合约，加上之前的一共有 21 张。资金量简单相加就可以计算出，我们投入的资金不到 8000 元。

持仓　交易　撤单　成交记录　资金记录　更多

查询日期　2019-01-23 -- 2019-01-24

名称代码	委托时间	成交均价	委托量 成交额	状态 详情
购2月2450	2019-1-24	0.0269	4.00	买入
10001654	14:7:6		1,076.00	市价
购2月2450	2019-1-24	0.0269	3.00	买入
10001654	14:6:27		807.00	市价

图 8　2019 年 1 月 24 日加仓交割单

★ 2019 年 1 月 28 日

1 月 25 日如期上涨，合约扭亏为盈，于是继续持仓待涨，而且操作有浮盈的时候，心态也会好很多。到 2019 年 1 月 28 日，可以看到如图 9 所示的上证 50K 线图，上攻有些压力，毕竟已经来到了前期套牢密集区，有压力也很正常，但是大方向不变。因此，我们先顺势做一下 T（做 T 就是利用一个交易日中的涨跌做价差），卖出了 21 张 50ETF 购 2 月 2450 合约，获利近 5000 元，然后反手买入认沽合约，如图 10 所示。

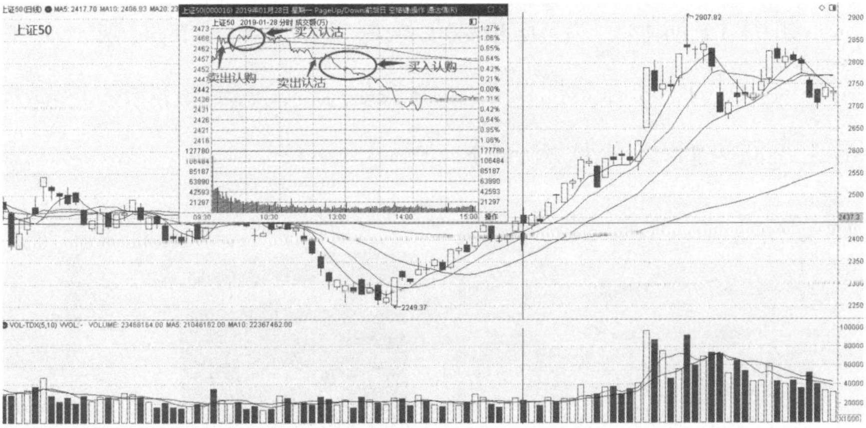

图 9　2019 年 1 月 28 日上证 50 指数

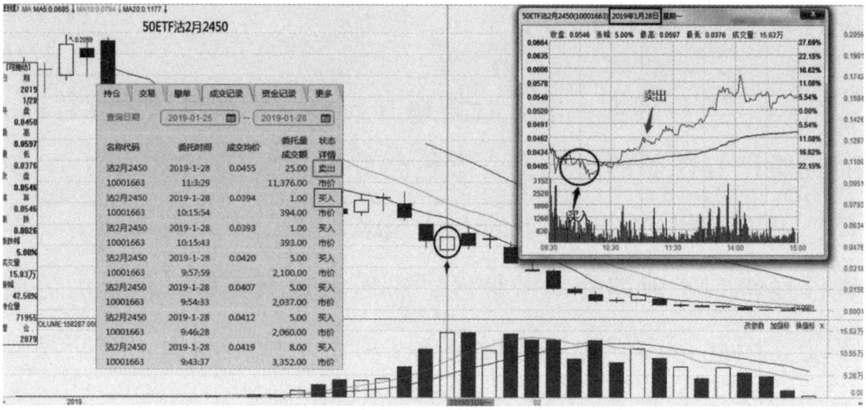

图 10　2019 年 1 月 28 日 50ETF 沽 2 月 2450（10001663）：买入

如图 11 所示，当 50 指数下跌回开盘价附近的时候，有些企稳迹象，我们马上把认沽合约卖出（大约获利 1000 多元），迅速逢低买回 25 张认购合约。

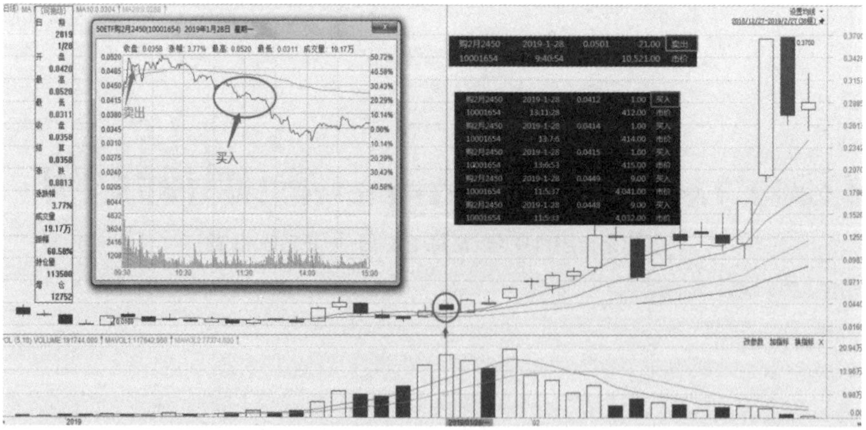

图 11　2019 年 1 月 28 日 50ETF 购 2 月 2450（10001654）：买入

虽然买回去之后，还下跌了一段距离，没有买在最佳位置，但是在操盘时不要奢望买在最低、卖在最高，这不现实。而且原本只能买 21 张的 50ETF 购 2 月 2450 合约，现在已经可以买 25 张，我们觉得这个 T 做得还是可以的。

图 12 就是本次操作的具体交割单，可以自己研究一下。

持仓 | 交易 | 撤单 | 成交记录 | 资金记录 | 更多

查询日期 2019-01-25 -- 2019-01-28

名称代码	委托时间	成交均价	委托量 成交额	状态 详情
沽2月2450	2019-1-28	0.0455	25.00	卖出
10001663	11:3:29		11,376.00	市价
沽2月2450	2019-1-28	0.0394	1.00	买入
10001663	10:15:54		394.00	市价
沽2月2450	2019-1-28	0.0393	1.00	买入
10001663	10:15:43		393.00	市价
沽2月2450	2019-1-28	0.0420	5.00	买入
10001663	9:57:59		2,100.00	市价
沽2月2450	2019-1-28	0.0407	5.00	买入
10001663	9:54:33		2,037.00	市价
沽2月2450	2019-1-28	0.0412	5.00	买入
10001663	9:46:28		2,060.00	市价
沽2月2450	2019-1-28	0.0419	8.00	买入
10001663	9:43:37		3,352.00	市价
购2月2450	2019-1-28	0.0501	21.00	卖出
10001654	9:40:54		10,521.00	市价

持仓 | 交易 | 撤单 | 成交记录 | 资金记录 | 更多

查询日期 2019-01-25 -- 2019-01-28

名称代码	委托时间	成交均价	委托量 成交额	状态 详情
购2月2450	2019-1-28	0.0370	1.00	买入
10001654	13:26:6		370.00	市价
购2月2450	2019-1-28	0.0370	1.00	买入
10001654	13:25:48		370.00	市价
购2月2450	2019-1-28	0.0413	1.00	买入
10001654	13:20:23		413.00	市价
购2月2450	2019-1-28	0.0415	1.00	买入
10001654	13:11:48		415.00	市价
购2月2450	2019-1-28	0.0412	1.00	买入
10001654	13:11:28		412.00	市价
购2月2450	2019-1-28	0.0414	1.00	买入
10001654	13:7:6		414.00	市价
购2月2450	2019-1-28	0.0415	1.00	买入
10001654	13:6:53		415.00	市价
购2月2450	2019-1-28	0.0449	9.00	买入
10001654	11:5:37		4,041.00	市价
购2月2450	2019-1-28	0.0448	9.00	买入
10001654	11:5:33		4,032.00	市价

图 12　2019 年 1 月 25 日、1 月 28 日交割单

★ 2019 年 2 月 12 日

1 月 28 日之后，50 指数连续数日沿着 5 日均线持续上涨，运行至 2019 年 2 月 12 日，从如图 13 所示的持仓账户可以看到，购买的 25 张 50ETF 购 2 月 2450 合约已经接近翻倍。上证 50 指数出其不意地上攻，趋势也比较明显，关键性标的——茅台、招行、中信、格力等都继续沿着趋势上涨，趋势没破，顺应之就能让利润最大化。而且一开始我们就选对了方向，所以更加有信心。

名称代码	持仓/可用	今卖/成交	现价/市值	盈亏/比例
购2月2450	25	0	0.0834	9,968.00
10001654	25	0.0435	20850	89.54%

图 13　2019 年 2 月 12 日持仓状况

★ 2019 年 2 月 13 日

2 月 13 日，50 指数继续上攻（见图 14），而且从起涨点到现在涨幅已经超过 10%，又到了前期 2018 年盘整的高点。未来趋势不变，但短期可能会横向发展几天，而且收益已经翻倍，再者期权 2 月份的合约时间已经不足 15 日，出于稳健考虑，担

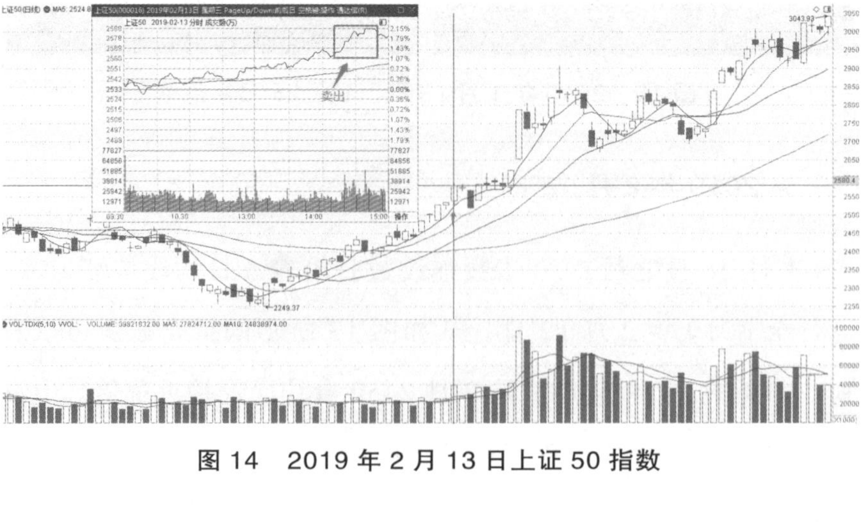

图 14　2019 年 2 月 13 日上证 50 指数

心时间价值的影响，我们决定卖出五分之三，移仓至下月合约，留下五分之二继续博弈临近末日的大波动，如图 15 所示。

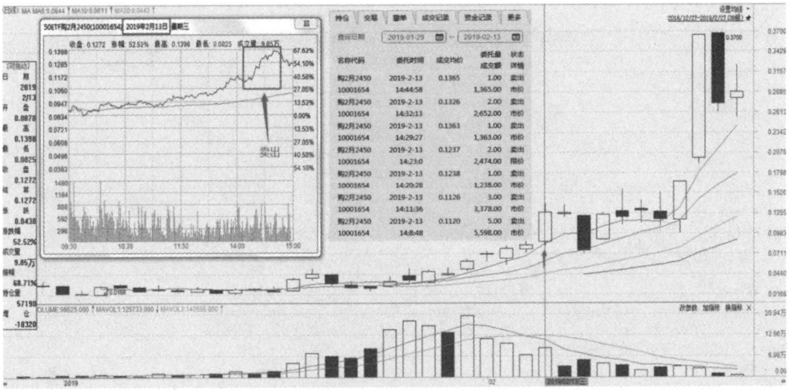

图 15　2019 年 2 月 13 日 50ETF 购 2 月 2450（10001654）：卖出

午后上涨的过程中，我们逐渐卖出了 15 张 50ETF 购 2 月 2450 合约，交割单如图 16 所示。

持仓 | 交易 | 撤单 | 成交记录 | 资金记录 | 更多

查询日期　2019-01-29 -- 2019-02-13

名称代码	委托时间	成交均价	委托量 成交额	状态 详情
购2月2450	2019-2-13	0.1365	1.00	卖出
10001654	14:44:58		1,365.00	市价
购2月2450	2019-2-13	0.1326	2.00	卖出
10001654	14:32:13		2,652.00	市价
购2月2450	2019-2-13	0.1363	1.00	卖出
10001654	14:29:27		1,363.00	市价
购2月2450	2019-2-13	0.1237	2.00	卖出
10001654	14:23:0		2,474.00	限价
购2月2450	2019-2-13	0.1238	1.00	卖出
10001654	14:20:28		1,238.00	市价
购2月2450	2019-2-13	0.1126	3.00	卖出
10001654	14:11:36		3,378.00	市价
购2月2450	2019-2-13	0.1120	5.00	卖出
10001654	14:8:48		5,598.00	市价

图 16　2019 年 2 月 13 日交割单

★ 2019 年 2 月 14 日

2 月 14 日，50 指数如期强势动荡，如图 17 所示。

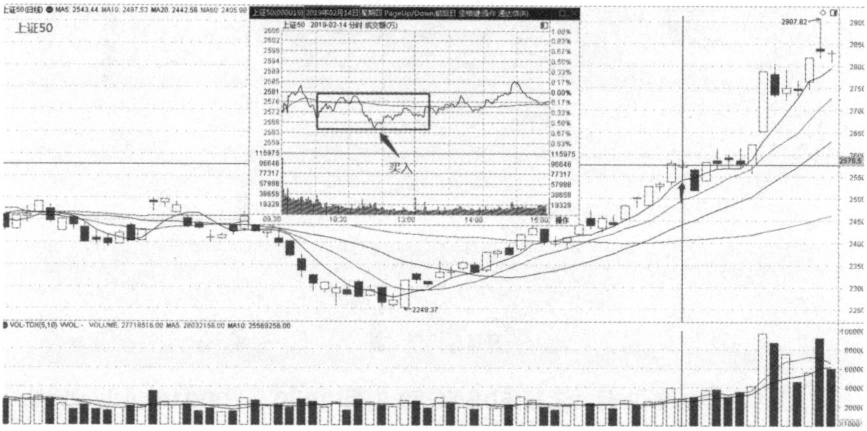

图 17　2019 年 2 月 14 日上证 50 指数

在强势动荡的过程中，我们就寻机布局 3 月份的合约，因为趋势继续，我们也继续看好，所以继续选择虚一二档的合约，一般来说，期权虚一二档涨幅也是比较好的。而且 3 月份是下月合约，相比 2 月份波动幅度会小很多，既能博弈未来也可防守。所以在回调的过程中，我们布局了 50ETF 购 3 月 2650 和 50ETF 购 3 月 2700 的合约，如图 18、图 19 所示。

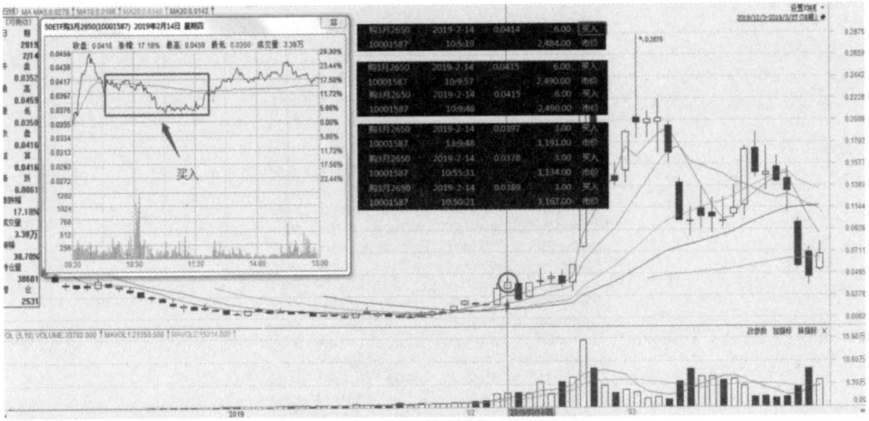

图 18　2019 年 2 月 14 日 50ETF 购 3 月 2650（10001587）：买入

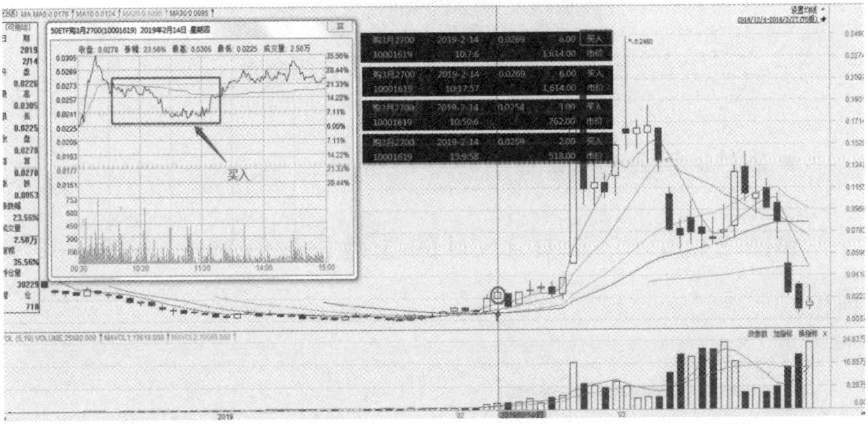

图 19　2019 年 2 月 14 日 50ETF 购 3 月 2700（10001619）：买入

如图 20 所示，就是本次操作的交割单。

持仓 | 交易 | 撤单 | 成交记录 | 资金记录 | 更多

查询日期 2019-02-14 -- 2019-02-14

名称代码	委托时间	成交均价	委托量 成交额	状态 详情
购3月2700	2019-2-14	0.0259	2.00	买入
10001619	13:9:58		518.00	市价
购3月2650	2019-2-14	0.0397	3.00	买入
10001587	13:9:48		1,191.00	市价
购3月2650	2019-2-14	0.0378	3.00	买入
10001587	10:55:31		1,134.00	市价
购3月2650	2019-2-14	0.0389	3.00	买入
10001587	10:50:21		1,167.00	市价
购3月2700	2019-2-14	0.0254	3.00	买入
10001619	10:50:6		762.00	市价
购3月2650	2019-2-14	0.0393	3.00	买入
10001587	10:49:58		1,179.00	市价
购3月2650	2019-2-14	0.0412	3.00	买入
10001587	10:18:14		1,236.00	市价
购3月2700	2019-2-14	0.0269	6.00	买入
10001619	10:17:57		1,614.00	市价
购3月2650	2019-2-14	0.0415	6.00	买入
10001587	10:9:57		2,490.00	市价
购3月2650	2019-2-14	0.0415	6.00	买入
10001587	10:9:48		2,490.00	市价
购3月2700	2019-2-14	0.0269	6.00	买入
10001619	10:7:6		1,614.00	市价
购3月2650	2019-2-14	0.0414	6.00	买入
10001587	10:5:19		2,484.00	市价

图 20　2019 年 2 月 14 日交割单

★ 2019 年 2 月 15 日

如图 21 所示，2 月 15 日的洗盘力度有些大，直接一步到位。

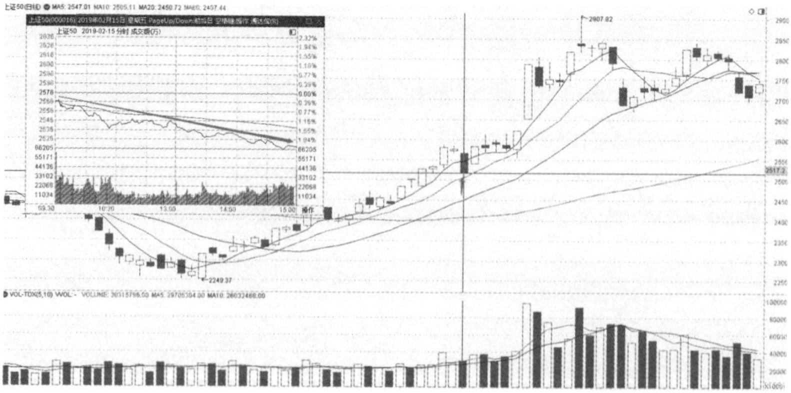

图 21　2019 年 2 月 15 日上证 50 指数

在 2 月 14 日的时候我们的观点就很明确，可能是小阴小阳稳步推进，虽然 2 月 15 日洗盘洗得很凶，有点超出预期，但是我们依然坚定方向。

我们可以来看一下期权这一天的走势，如图 22 所示。

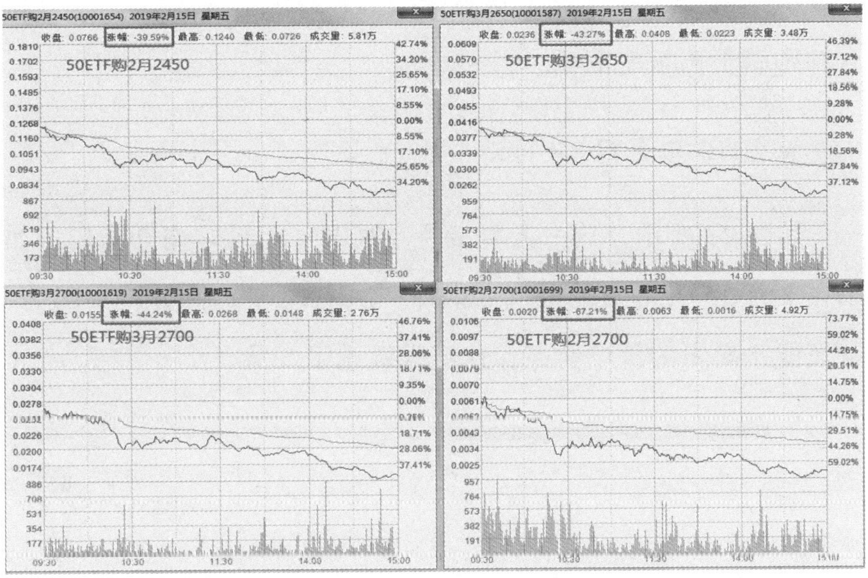

图 22　2019 年 2 月 15 日期权走势

从图 22 中可以看到，50ETF 购 2 月 2450 下跌 39.59%，50ETF 购 3 月 2650 和 50ETF 购 3 月 2700 下跌约 45%，50ETF 购 2 月 2700 下跌近 70%。这里先解释一下，同月实值和虚值相比，往往实值的波动比虚值的要小。上证 50 运行至 2 月 14 日约 2600 附近，所以 2600 是平值，2450 是实值，跌幅最小。相对的，3 月波动比 2 月小，所以同为 2700 合约，3 月跌幅也会小很多。

同样的洗盘，一天被洗 45% 和 70% 的心态完全是不一样的，而且我们重仓在 3 月，时间也很充足，自然会淡定得多。一下子被洗那么多，对于期权虚值合约来说，是会经常出现的。若以股票的心态做期权，这算是很大的跌幅，但对于期权虚值合约则属于正常的范畴。

★ 2019 年 2 月 18 日

如图 23 所示，这一天直接跳空高开，而且是高开高走，如果在 2 月 15 日洗盘的最低点砍掉，2 月 18 日的高开再买回去，就只能比卖出的价位要高，这就很尴尬了。

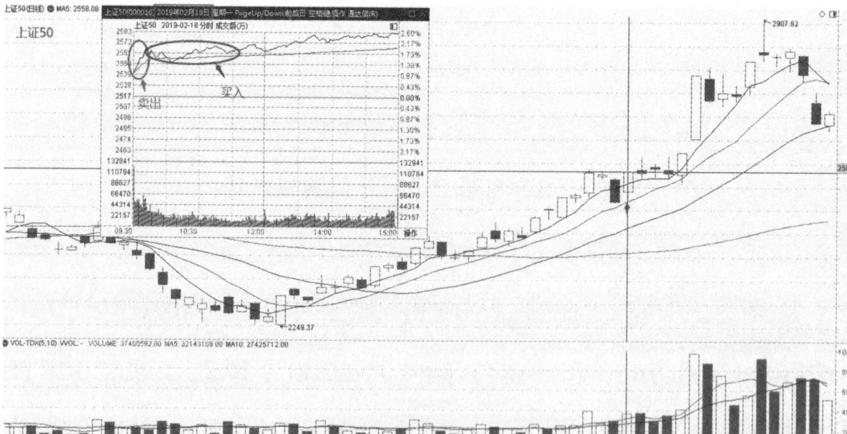

图 23　2019 年 2 月 18 日上证 50 指数

2 月 18 日上证 50 迅速地收复失地，50ETF 购 2 月 2450 也收复不少利润，考虑到 2 月份合约的时间离到期已经不足 8 日，离到期日越近，时间价值损耗会越快，出于稳健考虑，还是卖出 50ETF 购 2 月 2450 转移至 3 月份去（见图 24、图 25、图 26），这样心态也会更淡定。

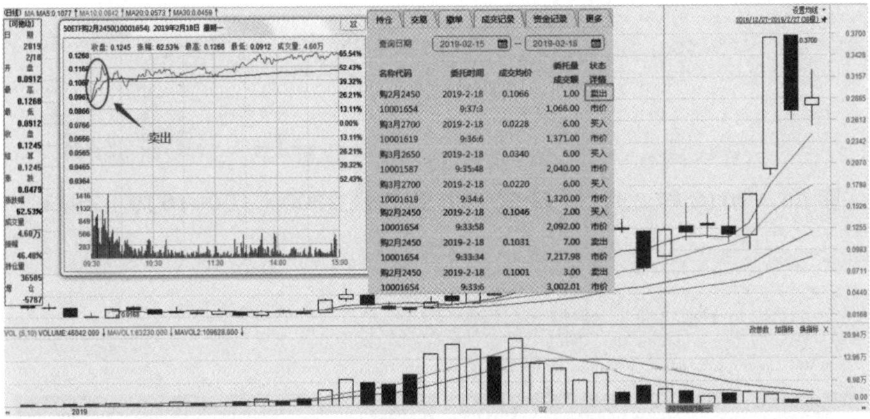

图 24　2019 年 2 月 18 日 50ETF 购 2 月 2450（10001654）：卖出

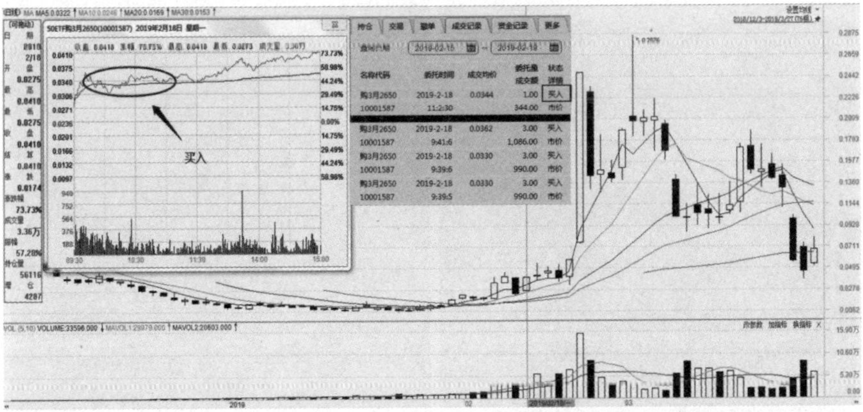

图 25　2019 年 2 月 18 日 50ETF 购 3 月 2650（10001587）：买入

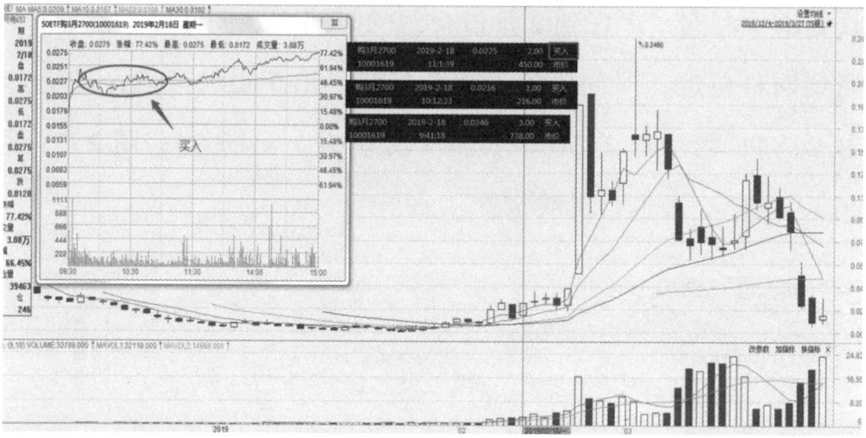

图 26　2019 年 2 月 18 日 50ETF 购 3 月 2700（10001619）：买入

如图 27 所示，就是当天的交割单。

持仓　交易　撤单　成交记录　资金记录　更多

查询日期 2019-02-15 -- 2019-02-18

名称代码	委托时间	成交均价	委托量 成交额	状态 详情
购2月2450 10001654	2019-2-18 9:37:3	0.1066	1.00 1,066.00	卖出 市价
购3月2700 10001619	2019-2-18 9:36:6	0.0228	6.00 1,371.00	买入 市价
购3月2650 10001587	2019-2-18 9:35:48	0.0340	6.00 2,040.00	买入 市价
购3月2700 10001619	2019-2-18 9:34:6	0.0220	6.00 1,320.00	买入 市价
购2月2450 10001654	2019-2-18 9:33:58	0.1046	2.00 2,092.00	买入 市价
购2月2450 10001654	2019-2-18 9:33:34	0.1031	7.00 7,217.98	卖出 市价
购2月2450 10001654	2019-2-18 9:33:6	0.1001	3.00 3,002.01	卖出 市价

持仓　交易　撤单　成交记录　资金记录　更多

查询日期 2019-02-15 -- 2019-02-18

名称代码	委托时间	成交均价	委托量 成交额	状态 详情
购3月2650 10001587	2019-2-18 11:2:30	0.0344	1.00 344.00	买入 市价
购3月2700 10001619	2019-2-18 11:1:39	0.0225	2.00 450.00	买入 市价
购3月2650 10001587	2019-2-18 11:1:34	0.0341	1.00 341.00	买入 市价
购2月2450 10001654	2019-2-18 11:1:13	0.1110	1.00 1,110.00	卖出 市价
购3月2700 10001619	2019-2-18 10:12:23	0.0216	1.00 216.00	买入 市价
购3月2700 10001619	2019-2-18 9:41:18	0.0246	3.00 738.00	买入 市价
购3月2650 10001587	2019-2-18 9:41:6	0.0362	3.00 1,086.00	买入 市价
购3月2650 10001587	2019-2-18 9:39:6	0.0330	3.00 990.00	买入 市价
购3月2650 10001587	2019-2-18 9:39:5	0.0330	3.00 990.00	买入 市价

图 27　2019 年 2 月 18 日交割单

★ 2019 年 2 月 19 日

2 月 19 日，上证 50 指数的波动率开始又走强，如图 28 所示。

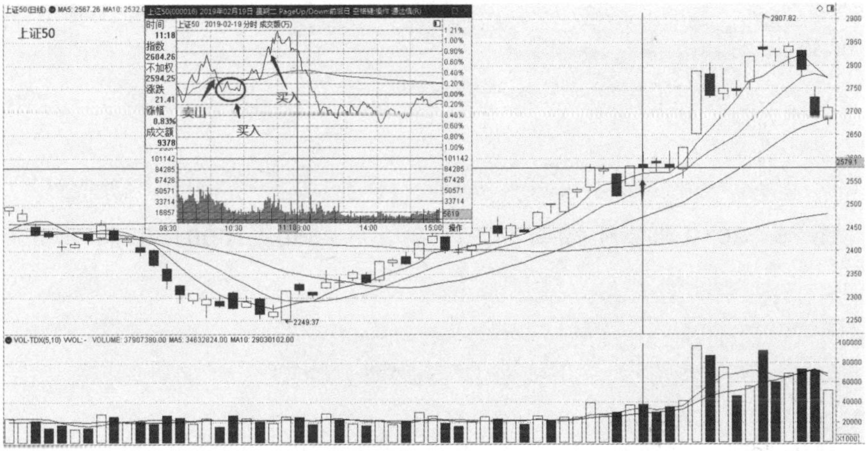

图 28　2019 年 2 月 19 日上证 50 指数

因为非常看好这波趋势性机会，所以我们进行了一次移仓的动作，在回调的过程中，把 50ETF 3 月购 2650 卖出移仓部分至 50ETF 3 月购 2700。从下面的分时图可以看出回调有些急促，因软件下单时拆单比较慢，所以索性直接把 50ETF 3 月购 2650 全部卖出（见图 28），然后重新买入 50ETF3 月购 2650 和 50ETF3 月购 2700（见图 29、图 30），这次操作达到的移仓效果也是一样的。

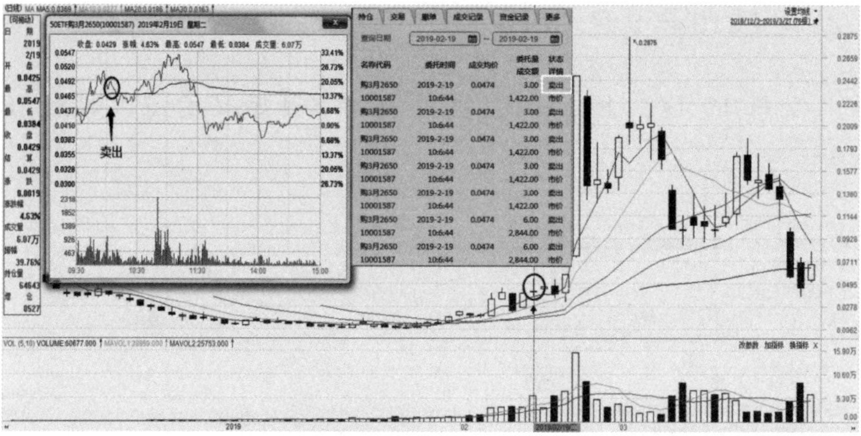

图 28　2019 年 2 月 19 日 50ETF 购 3 月 2650（10001587）：卖出

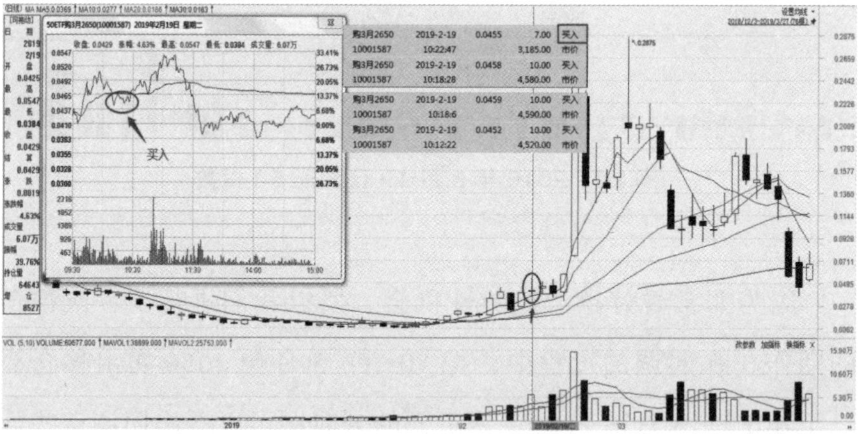

图 29　2019 年 2 月 19 日 50ETF 购 3 月 2650（10001587）：买入

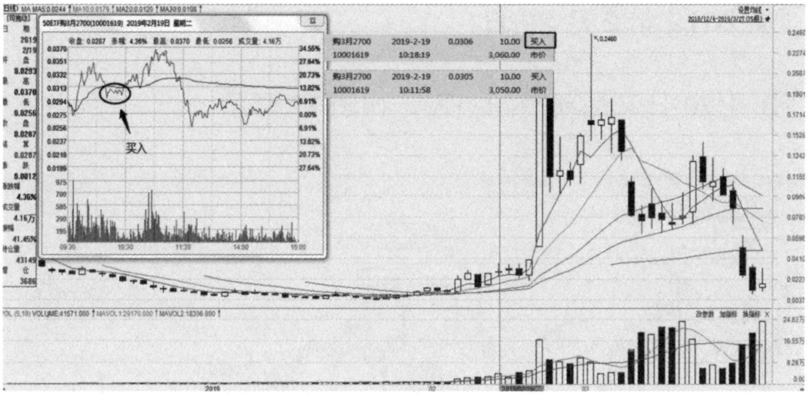

图 30　2019 年 2 月 19 日 50ETF 购 3 月 2700（10001619）：买入

移仓完成后的走势非常好，我们还顺势买了一张 140 元的 3 月 2794A 玩一下。可惜的是，上午尾盘跳水，进入强势动荡。好在方向上的初衷不改，我依然非常看好。

如图 31 所示，就是本次移仓的交割单。

持仓　交易　撤单　成交记录　资金记录　更多

查询日期　2019-02-19 -- 2019-02-19

名称代码	委托时间	成交均价	委托量 成交额	状态 详情
购3月2650	2019-2-19	0.0474	3.00	卖出
10001587	10:6:44		1,422.00	市价
购3月2650	2019-2-19	0.0474	3.00	卖出
10001587	10:6:44		1,422.00	市价
购3月2650	2019-2-19	0.0474	3.00	卖出
10001587	10:6:44		1,422.00	市价
购3月2650	2019-2-19	0.0474	3.00	卖出
10001587	10:6:44		1,422.00	市价
购3月2650	2019-2-19	0.0474	3.00	卖出
10001587	10:6:44		1,422.00	市价
购3月2650	2019-2-19	0.0474	6.00	卖出
10001587	10:6:44		2,844.00	市价
购3月2650	2019-2-19	0.0474	6.00	卖出
10001587	10:6:44		2,844.00	市价
购3月2650	2019-2-19	0.0474	6.00	卖出
10001587	10:6:44		2,844.00	市价

持仓　交易　撤单　成交记录　资金记录　更多

查询日期　2019-02-19　2019-02-19

名称代码	委托时间	成交均价	委托量 成交额	状态 详情
购3月2794A	2019-2-19	0.0140	1.00	买入
10001469	10:53:38		142.83	市价
购3月2650	2019-2-19	0.0455	7.00	买入
10001587	10:22:47		3,185.00	市价
购3月2650	2019-2-19	0.0458	10.00	买入
10001587	10:18:28		4,580.00	市价
购3月2700	2019-2-19	0.0306	10.00	买入
10001619	10:18:19		3,060.00	市价
购3月2650	2019-2-19	0.0459	10.00	买入
10001587	10:18:6		4,590.00	市价
购3月2650	2019-2-19	0.0452	10.00	买入
10001587	10:12:22		4,520.00	市价
购3月2700	2019-2-19	0.0305	10.00	买入
10001619	10:11:58		3,050.00	市价
购3月2650	2019-2-19	0.0474	1.00	卖出
10001587	10:6:44		474.00	市价
购3月2650	2019-2-19	0.0474	1.00	卖出
10001587	10:6:44		474.00	市价
购3月2650	2019-2-19	0.0474	3.00	卖出
10001587	10:6:44		1,422.00	市价
购3月2650	2019-2-19	0.0474	3.00	卖出
10001587	10:6:44		1,422.00	市价
购3月2650	2019-2-19	0.0474	3.00	卖出
10001587	10:6:44		1,422.00	市价
购3月2650	2019-2-19	0.0474	6.00	卖出
10001587	10:6:44		2,844.00	市价

图 31　2019 年 2 月 19 日交割单

★ 2019 年 2 月 20 日

2 月 20 日又是动荡的一天，如图 32 所示。

图 32 2019 年 2 月 20 日上证 50 指数

在 2 月 13 日走出的大阳线，已经把前期 2606 的缺口回补了，下一个就是要回补前期的 2667 这个缺口。如果是在 2 月 20 日这个位置去补掉缺口，50 指数向上也只有 3 个点的距离，但是对应期权可能就是翻倍的涨幅。而且中国平安、招商银行等关键性标的运行的趋势都非常好，像证券龙头中信建投的走势甚至已经进入化境。当时我们也分享了策略：顺势而为，依然用 20~30 个点的利润去做风险，去博未来 50%~100% 以上的机会。目前主要合约应放在 3 月或 3 月后的时间段，2 月“末日轮”只能盘中投机，拿很少的钱玩玩即可，主战场在 3 月或 3 月后。

这一天我的持仓还是获利的（见图 33），自然心态也会淡定很多。

10001409				
购3月2650	37	0	0.0467	404.00
10001587	37	0.0456	17279	2.34%
购3月2700	55	0	0.0319	2,835.00
10001619	55	0.0267	17545	18.58%

图 33　2019 年 2 月 20 日收盘持仓

★ 2019 年 2 月 21 日

2 月 21 日这一天依然动荡，但是越动荡我们愈加坚定。

在盘中的时候，不论是上证指数、上证 50 还是创业板，都纷纷刷新了这波反攻以来的高点。如图 34 所示，就是上证 50 指数在盘中刷新了高点。上证 50 弹性最大的证券板块，证券龙头中信建投逼空进入了化境，当天继续大涨 6%，很可能引领证券向上，还有 5G 龙头股东方通信，给市场树立了一个强烈的标杆——牛！

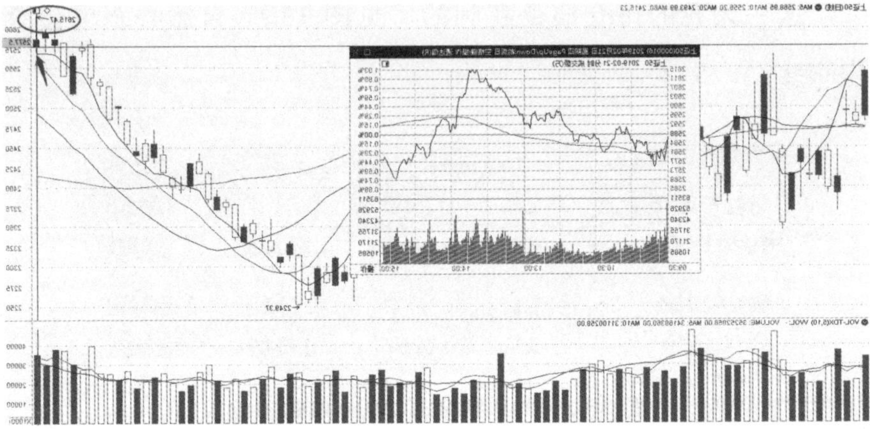

图 34　2019 年 2 月 21 日上证 50 指数

★ 2019 年 2 月 22 日

如期大涨。如图 35 所示，2 月 22 日日内弧形底构筑完成之后，收出了一根 1.78% 的中大阳线，一切皆如预期，自然心态各方面都非常积极。

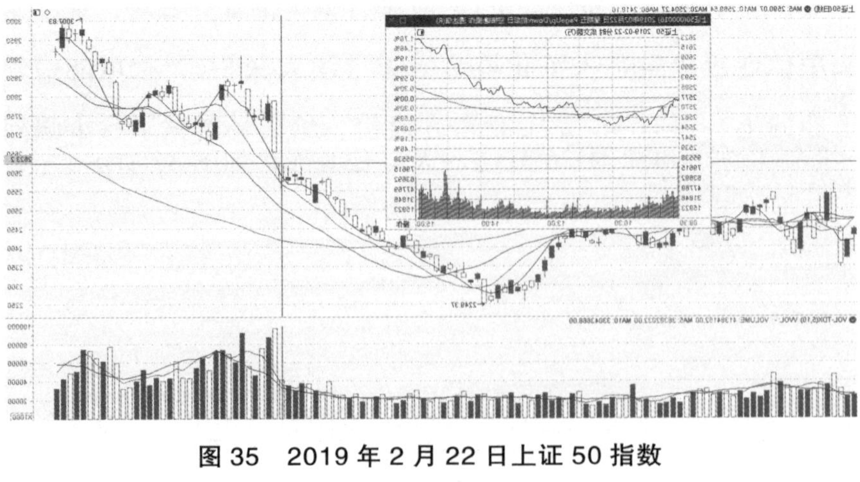

图 35　2019 年 2 月 22 日上证 50 指数

★ 2019 年 2 月 25 日

2 月 25 日，超预期上涨，如图 36 所示。

图 36 2019 年 2 月 25 日上证 50 指数

影响期权的价值有三个，一个是标的资产 50ETF 的方向，一个是时间价值，还有一个就是波动率，它与期权价格是正相关的。

波动率的这一波整体趋势是向上的，对于期权的买方是有利的，特别是在 2 月 25 日这一天也是暴涨，如图 37 所示。

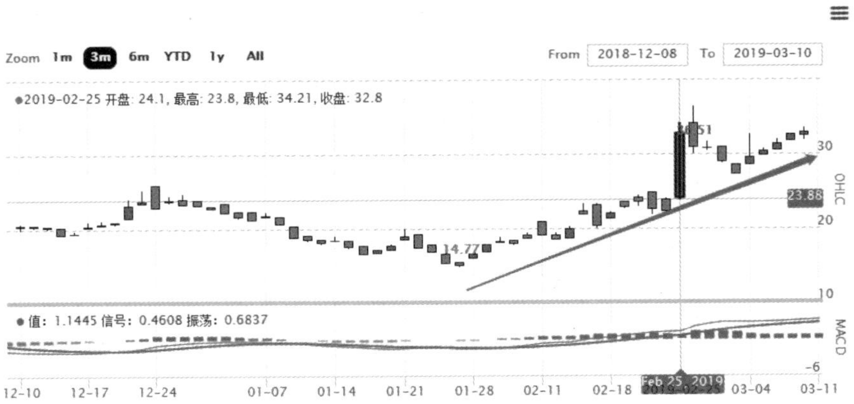

图 37　波动率指数 K 线图

波动率暴涨，上证 50 暴涨，期权演绎风暴模式，如图 38、图 39 所示。

2019年02月 (0天)　标的名称: 50ETF　最新价: 2.916　涨跌: 0.198　幅度: 7.56　成交量: 18873596　持仓量: —　金额: 512390万

交易状态	卖价	买价	涨幅%	涨跌	最新	购<行权价>沽↑	最新	涨跌	涨幅%	买价	卖价	交易状态
闭市	0.7728	0.7676	35.14	0.1996	0.7676	2.0500	0.0002	0.0001	100.00	0.0002	0.0003	闭市
闭市	0.7225	0.7120	37.55	0.1945	0.7125	2.1000	0.0002	0.0000	0.00	0.0002	0.0003	闭市
闭市	0.6722	0.6623	41.65	0.1949	0.6629	2.1500	0.0004	0.0002	100.00	0.0001	0.0002	闭市
闭市	0.6286	0.6127	48.93	0.2051	0.6243	2.2000	0.0003	0.0001	50.00	0.0003	0.0004	闭市
闭市	0.5764	0.5717	55.54	0.2044	0.5724	2.2500	0.0004	0.0002	100.00	0.0004	0.0005	闭市
闭市	0.5236	0.5133	63.96	0.2034	0.5214	2.3000	0.0005	0.0002	66.67	0.0004	0.0005	闭市
闭市	0.4937	0.4936	80.74	0.2205	0.4936	2.3500	0.0005	0.0002	66.67	0.0005	0.0006	闭市
闭市	0.4234	0.4233	93.86	0.2050	0.4234	2.4000	0.0005	0.0000	0.00	0.0004	0.0005	闭市
闭市	0.3680	0.3679	117.49	0.1988	0.3680	2.4500	0.0005	-0.0002	-28.57	0.0004	0.0005	闭市
闭市	0.3237	0.3232	166.12	0.2020	0.3236	2.5000	0.0008	-0.0010	-55.56	0.0007	0.0008	闭市
闭市	0.2690	0.2689	261.07	0.1945	0.2690	2.5500	0.0011	-0.0046	-80.70	0.0011	0.0012	闭市
闭市	0.2138	0.2126	496.64	0.1773	0.2130	2.6000	0.0021	-0.0147	-87.50	0.0021	0.0022	闭市
闭市	0.1752	0.1751	1226.52	0.1619	0.1751	2.6500	0.0041	-0.0359	-89.75	0.0041	0.0042	闭市
闭市	0.1270	0.1263	3223.68	0.1225	0.1263	2.7000	0.0083	-0.0764	-90.20	0.0082	0.0083	闭市
闭市	0.0847	0.0846	10475.00	0.0838	0.0846	2.7500	0.0191	-0.1129	-85.53	0.0190	0.0191	闭市
闭市	0.0582	0.0581	19266.67	0.0578	0.0581	2.9000	0.0368	-0.1455	-79.81	0.0365	0.0368	闭市

图 38　2019 年 2 月份合约期权收盘

50ETF　2019年03月（30天）　标的名称：50ETF　最新价：[illegible]　涨跌：[illegible]　幅度：[illegible]　成交量：18873596　持仓量：—　金额：512390万

总量	交易状态	卖价	买价	涨幅%	涨跌	最新	购<行权价>沽↑	最新	涨跌	涨幅%	买价	卖价	交易状态
1774	闭市	0.7720	0.7671	34.01	0.1961	0.7727	2.0500	0.0021	0.0013	162.50	0.0019	0.0021	闭市
765	闭市	0.7240	0.7106	38.38	0.2006	0.7233	2.1000	0.0019	0.0009	90.00	0.0018	0.0019	闭市
996	闭市	0.6841	0.6637	41.92	0.1981	0.6787	2.1500	0.0019	0.0008	72.73	0.0018	0.0020	闭市
1173	闭市	0.6793	0.6656	42.31	0.1980	0.6660	2.1560A	0.0021	0.0009	75.00	0.0021	0.0022	闭市
900	闭市	0.6235	0.6146	46.23	0.1960	0.6200	2.2000	0.0027	0.0011	68.75	0.0025	0.0027	闭市
2137	闭市	0.6295	0.6163	48.01	0.2011	0.6200	2.2050A	0.0026	0.0010	62.50	0.0022	0.0027	闭市
1801	闭市	0.5827	0.5670	53.81	0.2018	0.5768	2.2500	0.0032	0.0012	60.00	0.0032	0.0033	闭市
900	闭市	0.5711	0.5637	50.96	0.1890	0.5599	2.2540A	0.0036	0.0016	80.00	0.0036	0.0039	闭市
5720	闭市	0.5357	0.5352	64.47	0.2098	0.5352	2.3000	0.0047	0.0016	51.61	0.0046	0.0047	闭市
1154	闭市	0.5276	0.5181	62.08	0.2007	0.5240	2.3030A	0.0049	0.0017	53.13	0.0048	0.0050	闭市
6506	闭市	0.4779	0.4764	70.94	0.1977	0.4764	2.3500	0.0062	0.0012	24.00	0.0062	0.0063	闭市
1660	闭市	0.4802	0.4741	71.22	0.1972	0.4741	2.3520A	0.0068	0.0013	23.64	0.0065	0.0069	闭市
12755	闭市	0.4313	0.4312	84.51	0.1975	0.4312	2.4000	0.0092	0.0002	2.22	0.0092	0.0093	闭市
2728	闭市	0.4358	0.4274	85.42	0.1969	0.4274	2.4010A	0.0095	0.0000	0.00	0.0092	0.0097	闭市
17730	闭市	0.3812	0.3811	98.96	0.1896	0.3812	2.4500	0.0129	-0.0031	-19.38	0.0128	0.0129	闭市
4523	闭市	0.3820	0.3811	98.90	0.1895	0.3811	2.4500A	0.0136	-0.0024	-15.00	0.0136	0.0138	闭市
6665	闭市	0.3434	0.3432	129.41	0.1936	0.3432	2.5000A	0.0188	-0.0072	-27.69	0.0188	0.0189	闭市
41910	闭市	0.3451	0.3450	130.61	0.1954	0.3450	2.5000	0.0189	-0.0071	-27.31	0.0188	0.0189	闭市
7492	闭市	0.2930	0.2920	155.90	0.1785	0.2930	2.5490A	0.0240	-0.0153	-38.93	0.0239	0.0240	闭市
83780	闭市	0.3045	0.3006	162.53	0.1861	0.3006	2.5500	0.0278	-0.0115	-29.26	0.0277	0.0278	闭市
12024	闭市	0.2603	0.2600	208.42	0.1757	0.2600	2.5980A	0.0351	-0.0237	-40.31	0.0350	0.0351	闭市
124087	闭市	0.2599	0.2595	208.93	0.1755	0.2595	2.6000	0.0350	-0.0238	-40.48	0.0350	0.0351	闭市
16850	闭市	0.2200	0.2189	270.37	0.1606	0.2200	2.6470A	0.0460	-0.0355	-43.56	0.0459	0.0460	闭市
158953	闭市	0.2501	0.2500	326.62	0.1914	0.2500	2.6500	0.0470	-0.0378	-44.58	0.0468	0.0470	闭市
27319	闭市	0.1895	0.1871	370.10	0.1473	0.1871	2.6960A	0.0594	-0.0525	-46.92	0.0588	0.0595	闭市
174755	闭市	0.1912	0.1911	382.58	0.1515	0.1911	2.7000	0.0591	-0.0549	-48.16	0.0591	0.0594	闭市
42415	闭市	0.1627	0.1601	495.91	0.1334	0.1603	2.7450A	0.0768	-0.0693	-47.43	0.0763	0.0769	闭市
155489	闭市	0.1590	0.1580	493.98	0.1314	0.1580	2.7500	0.0758	-0.0748	-49.93	0.0750	0.0770	闭市
67254	闭市	0.1358	0.1357	738.27	0.1196	0.1358	2.7940A	0.1000	-0.0857	-46.15	0.0998	0.1000	闭市
210236	闭市	0.1333	0.1332	759.35	0.1177	0.1332	2.8000	0.1050	-0.0858	-44.97	0.1049	0.1050	闭市

图 39　2019 年 3 月份合约期权收盘

由于波动率的加成，2019 年 2 月份的一个合约（50ETF 购 2 月 2800）涨得更是离谱：单日涨幅 19266.67%，即 192 倍，如图 40 所示。

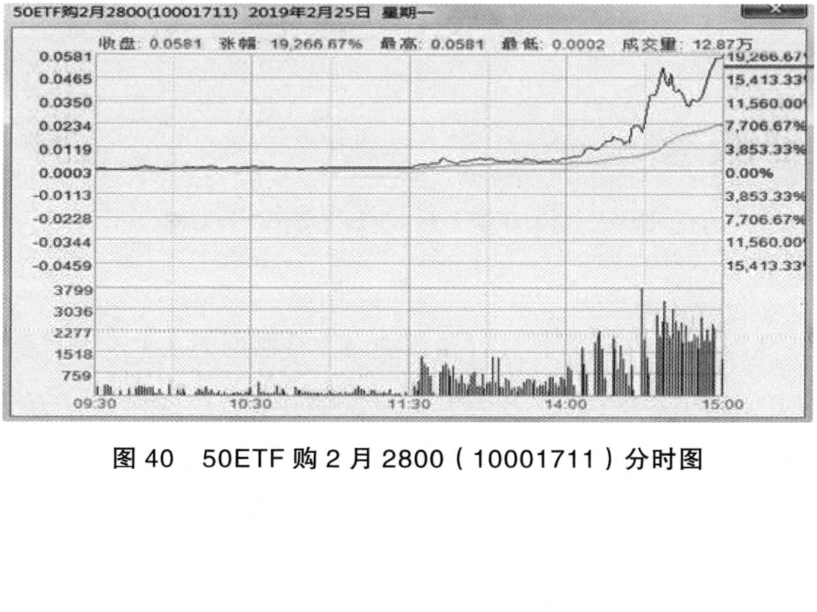

图 40　50ETF 购 2 月 2800（10001711）分时图

这个合约当天就被朋友圈刷屏了，如果买入 1 万元，一天就能涨到 192 万元，多么刺激！但是冷静下来一想，也就不眼红了，买这个虚四档快到期的合约，风险是极大的，基本就跟买彩票一样，可遇而不可求。而且我们 3 月份的持仓也是大涨，虽然没有留一两张玩 2 月份的有些可惜，但是稳定的盈利才是关键，一次的运气并不能让人成为常胜将军。

接下来，再分享一下当天我们的内测账户是怎么波动的，如图 41 所示。

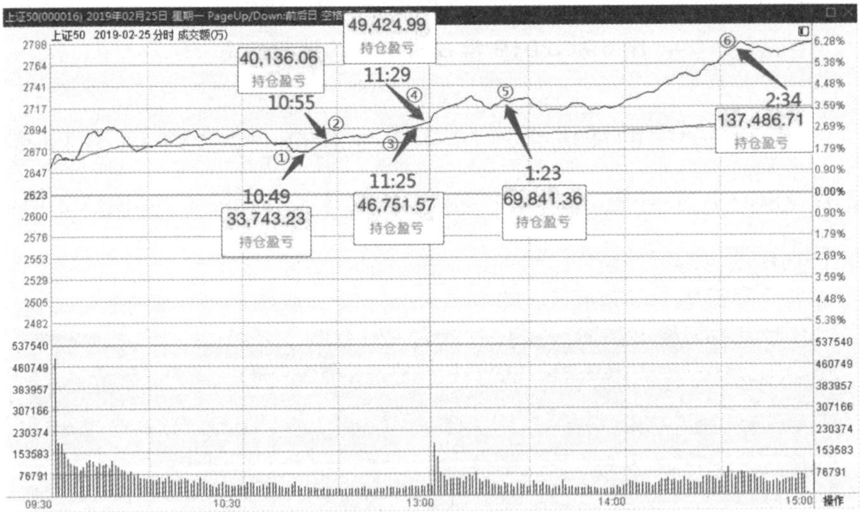

图 41　2019 年 2 月 25 日上证 50 分时图

从图 41 中可以看到，资金波动是非常剧烈的，上午还只盈利 3.3 万元，午后就达到 6.9 万元，尾盘则直接变成盈利 13.7 万了。可以具体观察当天账户的资金变化（见图 42），再感受一下。

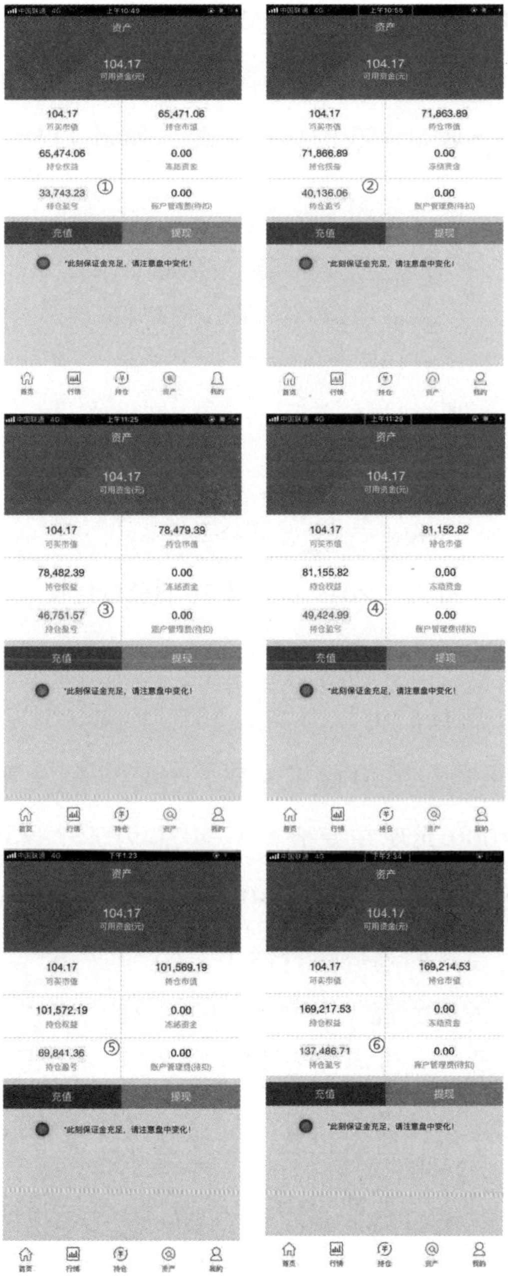

图 42　2019 年 2 月 25 日账户资金变化

看完资金的波动，相信对大部分人是有很大冲击的，如果大家也持有这样的合约，可能很多人会迫不及待地卖出去吧。最后，再看一下收盘时我的持仓状况，如图 43 所示。

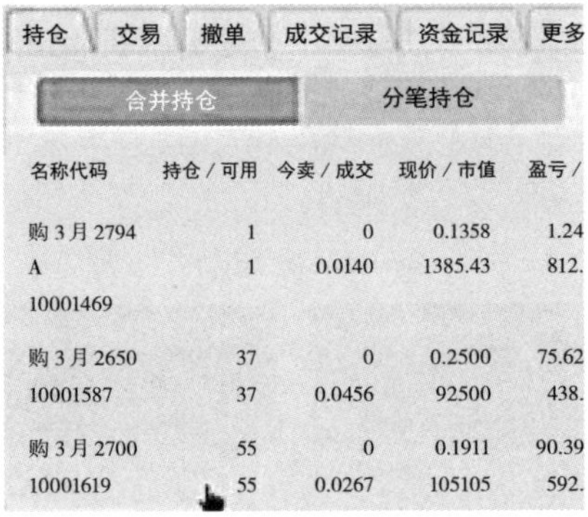

名称代码	持仓 / 可用	今卖 / 成交	现价 / 市值	盈亏 /
购 3 月 2794	1	0	0.1358	1.24
A	1	0.0140	1385.43	812.
10001469				
购 3 月 2650	37	0	0.2500	75.62
10001587	37	0.0456	92500	438.
购 3 月 2700	55	0	0.1911	90.39
10001619	55	0.0267	105105	592.

图 43　2019 年 2 月 25 日收盘持仓

这一天收盘我们也没有动，50ETF 购 3 月 2794A 翻了 8 倍，50ETF 购 3 月 2650 翻了 4 倍，50ETF 购 3 月 2700 翻了 5 倍，起点的 8000 元现在变成差不多 20 万元，这可以算是一个奇迹了！这种奇迹在期权交易中是偶然性的，但又会经常性地发生，特别是在大的趋势性行情中。

此时，我再次明确了自己的观点：继续顺势而为！如此加速大涨，就像开车加速一样，惯性很大，一下子是停不下来的，而且获利比较丰厚，所以也敢于继续坚守，以小博大。就这样，我们又坚守了五天，直到 2019 年 3 月 4 日，才选择卖出持仓。

★ 2019 年 3 月 4 日

3 月 4 日的上证 50 指数行情，如图 44 所示。

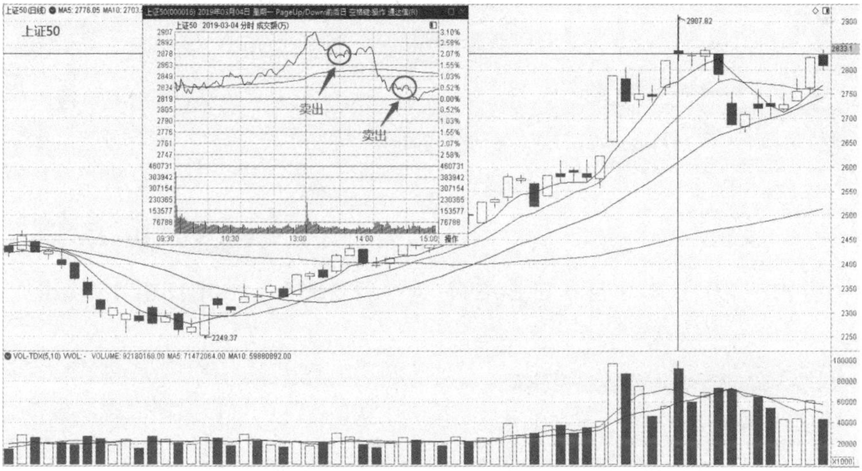

图 44　2019 年 3 月 4 日上证 50 指数

如图 45、图 46 所示，我们就是在上证 50 指数的这两个位置，卖出持仓的。

50ETF 购 3 月 2650 这个合约卖出的位置，比暴涨的那天还高出一些；50ETF 购 3 月 2700 的卖出位置相比前期暴涨的大阳线略低一点，但并没有低很多。整体利润还是在 20 万元左右。

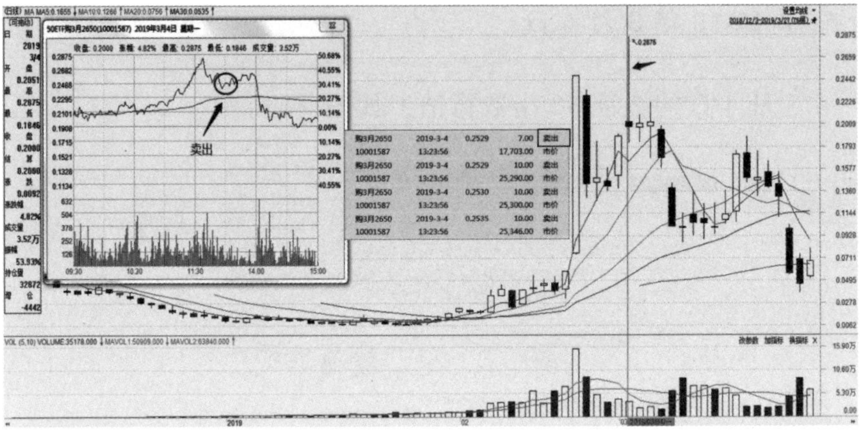

图 45　2019 年 3 月 4 日 50ETF 购 3 月 2650（10001587）：卖出

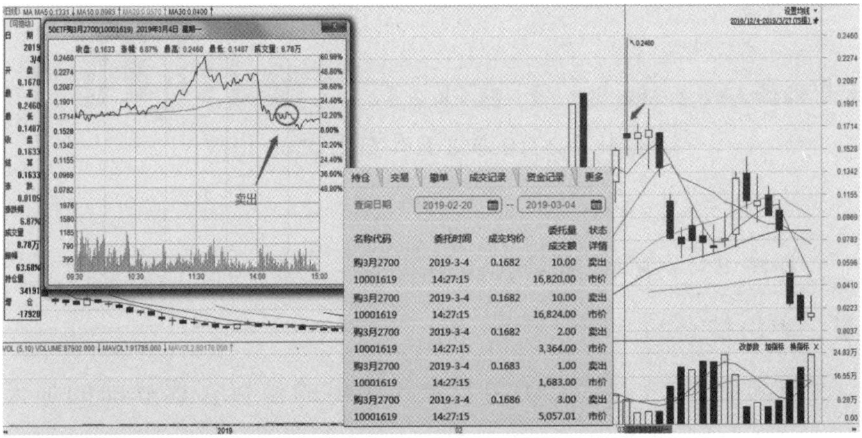

图 46　2019 年 3 月 4 日 50ETF 购 3 月 2700（10001619）：卖出

如图 47 所示，是当天卖出的交割单和持仓市值情况。

持仓 交易 撤单 成交记录 资金记录 更多

查询日期 2019-02-20 -- 2019-03-04

名称代码	委托时间	成交均价	委托量 成交额	状态 详情
购3月2700 10001619	2019-3-4 14:27:15	0.1682	10.00 16,820.00	卖出 市价
购3月2700 10001619	2019-3-4 14:27:15	0.1682	10.00 16,824.00	卖出 市价
购3月2700 10001619	2019-3-4 14:27:15	0.1682	2.00 3,364.00	卖出 市价
购3月2700 10001619	2019-3-4 14:27:15	0.1683	1.00 1,683.00	卖出 市价
购3月2700 10001619	2019-3-4 14:27:15	0.1686	3.00 5,057.01	卖出 市价
购3月2700 10001619	2019-3-4 14:27:15	0.1683	6.00 10,098.00	卖出 市价
购3月2700 10001619	2019-3-4 14:27:15	0.1672	6.00 10,032.00	卖出 市价
购3月2700 10001619	2019-3-4 14:27:15	0.1683	2.00 3,366.00	卖出 市价
购3月2700 10001619	2019-3-4 14:27:15	0.1679	3.00 5,037.00	卖出 市价
购3月2700 10001619	2019-3-4 14:27:15	0.1676	6.00 10,057.98	卖出 市价
购3月2700 10001619	2019-3-4 14:27:15	0.1680	6.00 10,081.98	卖出 市价

104.17 可买市值	198,990.43 持仓市值
198,993.43 持仓权益	0.00 冻结资金
167,262.60 持仓盈亏	0.00 账户管理费(待扣)
充值	提现

*此刻保证金充足，请注意盘中变化！

图 47　2019 年 3 月 4 日交割单和持仓市值情况

这一波操作还有很多可以提升的地方，但就结果而言还算是比较满意的，毕竟是以小博大，从8000元变成了20万元，非常可观！而且这只是我们在期权交易中的一次内测，也还有很大的提升空间。这一实战操盘案例虽然称不上完美，但是相信会带给很多人一个比较大的触动和感悟，那就是在顺势中稳健快乐地投资。希望大家都能在牛市中用好期权这个工具，实现100倍的增长。

期权是一项新事物，我们对于新事物都有一个适应的过程，要先学会使用，并不断磨合，当机遇来临时，把握好属于自己的机会。市场有机会就是“天时”，手里有期权、有方法就是“地利”，投资者具备一定能力、心态良好就是“人和”，三者都齐全了，那么盈利就会非常简单。